Katja Flohrer, Ingo Müller, Daniel Rempe,
Søren Zeine (Hg.)

Mit einem Vorwort von Karsten Hüttmann

82 Methoden
zum kreativen Gebet

Ein Ideenbuch für Mitarbeitende
in der Jugendarbeit zur
Initiative „Hörst du mich?" –
Gott zum Mitreden

Gott zum Mitreden

Dieses Buch wurde auf FSC®-zertifiziertem Papier gedruckt.
FSC (Forest Stewardship Council®) ist eine nichtstaatliche,
gemeinnützige Organisation, die sich für eine ökologische und
sozialverantwortliche Nutzung der Wälder unserer Erde einsetzt.

Bibliografische Information der Deutschen Nationalbibliothek

Die Deutsche Nationalbibliothek verzeichnet diese Publikation
in der Deutschen Nationalbibliografie; detaillierte bibliografische
Daten sind im Internet über http://dnb.d-nb.de abrufbar.

© 2014 Neukirchener Verlagsgesellschaft mbH, Neukirchen-Vluyn
Alle Rechte vorbehalten
Umschlaggestaltung: JoussenKarliczek, Schorndorf
Lektorat: Anja Schäfer, Hamburg
DTP: Breklumer Print Service, Breklum
Verwendete Schriften: Klavika Basic, Sabon
Gesamtherstellung: CPI – Ebner & Spiegel, Ulm
Printed in Germany
ISBN Neukirchener Verlagsgesellschaft 978-3-7615-6031-0 Print
ISBN Neukirchener Verlagsgesellschaft 978-3-7615-6118-8 E-Book
ISBN Brunnen Verlag 978-3-7655-4226-8
ISBN buch+musik 978-3-86687-093-2

www.neukirchener-verlage.de

INHALT

Vorwort

von Karsten Hüttmann,
Vorsitzender von Christival e. V. und Referent für
Jugendevangelisation beim Deutschen EC-Verband

Als meine Schwester und ich noch klein waren, legten wir ein sehr unterschiedliches Spielverhalten an den Tag: Ich besaß Autos, sie Puppen. Um mit meinen Autos zu spielen, verbrachte ich Stunden damit, im Sandkasten Straßen und Tunnels zu bauen – sozusagen als vorbereitende Maßnahme. Meistens baute ich mit einem kleinen Schäufelchen und anderen Geräten so intensiv und ausgiebig, dass ich am Ende kaum noch zum eigentlichen Auto-Spielen kam, weil es schon spät war und es (meiner Mutter zufolge) bereits dunkel wurde. Meine Schwester dagegen spielte mit ihren Puppen. Sie servierte ihnen Tee in kleinem Puppengeschirr, kümmerte sich um Frisuren und Outfits, unterhielt sich ausführlich mit ihnen und war irgendwie andauernd mit ihnen beschäftigt. Für mich war Spielen also im wesentlichen Arbeit und das Spielzeug mein Werkzeug. Für meine Schwester dagegen war Spielen Beziehung und ihr Spielzeug war für sie ein echtes Gegenüber.

Irgendwann ist mir mal aufgefallen, dass es mir – was den Glauben betrifft – ganz ähnlich geht: Glaube hat vor allem etwas mit Arbeit zu tun. Mit Mitarbeit, Einsatz und Engagement. Und das Gebet ist eines von vielen Werkzeugen, das mir für meine „Arbeit" zur Verfügung steht. Eine Art technisches Hilfsmittel, um Dinge in Ordnung zu bringen oder vorzubereiten. Und durch diese innere Haltung ähneln Gebetszeiten leider manchmal den Telefonaten mit meinem Vater: „Hallo! Ja, alles in Ordnung, brauchst dir keine Sorgen zu machen. Ich bräuchte allerdings noch dieses und jenes. Und bei dir? Okay, dann tschüs, bis zum nächsten Mal!" Innerhalb von zwei, maximal drei Minuten kann alles Wichtige geklärt werden.

Eigentlich total schade, oder? Ich meine, wenn ich darüber nachdenke, was Gebet eigentlich ist, dann müsste es doch zu den genialsten, coolsten und spannendsten Sachen überhaupt gehören: mit Gott reden, ihm erzählen, was mir wichtig ist – mal ehrlich, das ist doch der Knaller!

Trotzdem ist Gebet oft irgendwie langweilig. Still sitzen, Augen schließen, Hände falten, beten. Dabei hat niemand befohlen, dass man das so machen muss. Es hat sich einfach irgendwie so entwickelt. Aber wenn es niemand befohlen hat, dass Gebet so monoton ablaufen muss, dann muss es ja auch nicht so bleiben, oder?!

In einem der Berichte im Neuen Testament kommt einer der Jünger zu Jesus und sagt zu ihm: „Herr, lehre uns beten!" (Lk 11,1b). Damals vielleicht eine Frage vor allem nach den richtigen Worten, für mich persönlich aber auch eine Frage nach alternativen Formen.

Deshalb bin ich Katja, Ingo, Daniel und Søren sehr dankbar, dass sie dieses Buch zusammengestellt haben. Es liefert mir haufenweise Anregungen, wie das Gebet bunter, fröhlicher, intensiver, lauter, leiser, künstlerischer, unterhaltsamer, meditativer, tiefgründiger, abwechslungsreicher … - also ganz einfach kreativer werden kann. Und daran hat mit absoluter Sicherheit auch Gott, an den wir unsere Gebete richten, seine Freude!

Einleitung
von Daniel Rempe,
Projektleiter der Gebetsinitiative „Hörst du mich?"

„Hörst du mich?" fragst du dich, wenn deine Gebete nur bis zur Zimmerdecke zu steigen scheinen. „Hörst du mich?" fragt sich auch Gott, wenn wir gar nicht darauf achten, dass er uns antworten will. Mit diesem Ideenbuch laden wird dich ein, mit Gott ins Gespräch zu kommen! Wir wünschen uns, dass du alleine oder zusammen mit anderen die Erfahrung machst, dass Gott mit sich reden lässt. Beim Ausprobieren der Ideen in deiner Kirchengemeinde, im CVJM, in der Jugendarbeit oder bei dir zu Hause kannst du erfahren, dass Gott deine Gebete hört. Es interessiert ihn, was dich bewegt. Außerdem kannst du entdecken, dass Gott mitreden will in deinem Leben. Er hat etwas zu sagen. Er gibt Antworten und er hat Ideen, wie dein Leben gelingen kann.
Aus diesem Grund haben wir im September 2013 im deutschen CVJM die Gebetsinitiative „Hörst du mich? – Gott zum Mitreden" gestartet, in der jeden Monat drei verschieden Ideen zum Gebet für Kinder, Jugendliche und für die persönliche Stille Zeit vorgestellt werden. Alle diese Ideen findest du in diesem Buch. Wir haben sie durch eine Vielzahl weiterer, praxiserprobter Gebetsideen ergänzt.
Diese Gebetsideen bilden den Hauptteil des Buches. Sie sind vielfältig in Form und Stil. Manche sind laut und andere leise. Manche sind was für Bastler, andere eher für Denkerinnen. Manche brauchen kein Material, andere gehen mit kreativen Mitteln zu Werke.

Manche sind vertraut, andere ganz ungewöhnlich. Einige eignen sich fürs persönliche Gebet, viele fürs Gebet in der Gruppe. Manche sind spielerisch-leicht, andere musikalisch und wieder andere bringen den ganzen Körper in Bewegung. Manche sind für besondere Anlässe und andere fügen sich in deinen Alltag ein. Über das Inhaltsverzeichnis und die kleinen Kategorie-Symbole (mehr dazu ab Seite 11) kannst du dir einen Überblick verschaffen. So findest du die für dich und deinen Kontext passende Idee. Als kleine Zugabe findest du zum Schluss noch ein paar weiterführende Literaturtipps.

Jetzt wünsche ich dir spannende Erfahrungen beim Beten und prägende Begegnung mit dem lebendigen, hörenden und redenden Gott!

Weitere Infos zur Initiative „Hörst du mich?" findest du auf: www.hoerst-du-mich.de

Aus Gründen der besseren Lesbarkeit haben wir nicht überall beide Geschlechter erwähnt. Weibliche wie auch männliche Sprachformen im Buch meinen jeweils auch das andere Geschlecht.

Die passende Gebetsidee finden

Damit ihr schnell die jeweils für euch und eure Gruppe passende Gebetsidee findet, haben wir die Gebetsideen in verschiedene **Kapitel** unterteilt. Schaut einfach ins **Inhaltsverzeichnis**, um euch auf der Suche nach der passenden Gebetsidee zu orientieren.

Außerdem haben wir die einzelnen Gebetsideen nach verschiedenen Merkmalen in weitere **Kategorien** unterteilt. Jede Kategorie ist mit einem eigenen Symbol gekennzeichnet. Diese **Symbole** findet ihr in den Beschreibungen der Gebetsideen im Hauptteil des Buches wieder.

Hier findet ihr dazu eine Übersicht. Die Zahlen geben die Nummer der Gebetsidee und nicht die Seitenzahl an:

(×) Für diese Gebetsidee brauchst du **kein Material:**
15, 19, 21, 32, 33, 34, 36, 38, 40, 44, 46, 47, 48, 49, 56, 61, 62, 63, 64, 65, 66, 69, 71, 72

(◕) Diese Gebetsidee kannst du innerhalb von **20 - 30 Minuten** durchführen:
1, 2, 3, 4, 5, 6, 8, 9, 10, 11, 12, 13, 14, 15, 16, 19, 20, 22, 23, 24, 25, 27, 28, 29, 30, 31, 32, 34, 36, 37, 38, 39, 40, 41, 42, 43, 46, 47, 48, 50, 51, 52, 53, 54, 56, 57, 58, 60, 61, 62, 63, 64, 65, 66, 67, 68, 69, 70, 71, 72, 73, 75, 77, 78, 79, 80, 81

● Mit dieser Gebetsidee kannst du einen ganzen Tag oder eine ganze **Gruppenstunde** gestalten:
3, 4, 7, 35, 45, 51, 59, 70, 82

(8+) Diese Gebetsideen eigenen sich auch für **Jung-schar**-Kinder **ab 8 Jahren:**
7, 8, 16, 20, 21, 22, 23, 24, 25, 26, 27, 28, 29, 30, 31, 35, 41, 50, 51, 54, 55, 56, 57, 58, 59, 60, 62, 63, 64, 67, 70, 71, 74, 75, 77, 79, 80, 81

(★) Bei diesen Gebetsideen geht's **kreativ** zur Sache:
7, 8, 17, 26, 27, 35, 70, 74, 79, 80

(⌂) Mit diesen Gebetsideen kannst du eine **persönli-che Stille Zeit** gestalten:
1, 2, 5, 7, 8, 9, 10, 11, 12, 13, 14, 15, 16, 17, 18, 19, 20, 23, 24, 25, 28, 30, 32, 33, 34, 35, 36, 38, 39, 40, 41, 42, 44, 46, 47, 48, 50, 53, 55, 80, 82

(👥) Diese Gebetsideen eignen sich für das gemeinsa-me Gebet in einer **Gruppe:**
3, 4, 5, 6, 7, 8, 16, 18, 19, 20, 21, 22, 23, 24, 25, 26, 27, 28, 29, 30, 31, 32, 34, 35, 36, 37, 38, 41, 42, 43, 44, 45, 47, 49, 50, 51, 52, 54, 55, 56, 57, 58, 59, 60, 61, 62, 63, 64, 65, 66, 67, 68, 69, 70, 71, 72, 73, 74, 75, 76, 77, 78, 79, 80, 81, 82

Mit dem Stift in der Hand

1. Gebetstagebuch

Vorbereitung: Besorge dir im Buchhandel oder in einer Papeterie ein schönes Notizbuch und einen edlen Stift.

1. Suche dir einen ruhigen Platz, an dem du gut schreiben kannst.
2. Notiere das Datum auf einer neuen, leeren Seite.
3. Schreibe einfach drauf los und notiere, was du Gott sagen willst.

Tipp

Wenn du das eine Zeit lang regelmäßig gemacht hast, kannst du das Tagebuch durchblättern und sehen, was du mit Gott besprochen hast, was dich bewegt hat und wie sich die Dinge entwickelt haben. Oft kannst du darin Gottes Handschrift und Wirken entdecken.

Es kann hilfreich sein, dir eine feste Zeit am Tag zu suchen, in der du in dein Gebetstagebuch schreibst.

2. Twitter-Gebet

Vorbereitung: Besorge Stifte und Zettel für alle Teilnehmenden.

1. Verteile Stifte und Zettel an alle.
2. Danach überlegen alle für sich, was sie gerade bewegt.
3. Fasst eure Gebetsanliegen in einer Twitter-Meldung mit maximal 140 Zeichen zusammen.
4. Zum Abschluss macht ihr eine Gebetsgemeinschaft, in der alle ihre Twitter-Gebetsmeldungen vorlesen.

Tipp

Wenn ihr einen Twitter-Account habt, könntet ihr euer Gebet bei Twitter posten. Dafür könnt ihr den Hashtag #gottzummitreden nutzen.

Ihr könntet auch SMS-Gebete mit 160 Zeichen formulieren. Anschließend tippen alle ihr Gebetsanliegen direkt ins Handy und wer will, verschickt sie gleich an Freunde.

3. Papiertischdecke

Vorbereitung: Befestige eine weiße Papiertischdecke auf einem ausreichend großen Tisch. Lege Stifte für alle bereit. Wenn du magst, stelle auch noch etwas zum Knabbern hin.

1. Stellt euch alle um den Tisch mit der Papiertischdecke.
2. Ab jetzt wird nicht mehr geredet. Im Stillen überlegen alle, wofür sie gerne beten wollen.
3. Dieses oder mehrere Anliegen schreiben alle in Schlagworten auf die Papiertischdecke und wenn sie mögen, auch direkt ein Gebet dazu.
4. Wenn alle ihre Anliegen aufgeschrieben haben, gehen alle um den Tisch herum und lesen die Anliegen der anderen und schreiben ebenfalls ein Gebet dazu oder ergänzen andere Gebete.
5. Macht einen gemeinsamen Abschluss. Sprich dazu ein lautes Gebet oder schließt gemeinsam mit dem Vaterunser ab.

Tipp

Wenn es besser zur Gruppe passt, dass es nicht ganz still ist, könnt ihr nebenher leise Musik laufen lassen.

4. Postertausch

Vorbereitung: Schreibe auf mehrere große Blätter Papier jeweils ein anderes Gebetsanliegen. Besorge Stifte für alle Teilnehmenden.

1. Je vier bis sechs Personen setzen sich um ein Blatt Papier herum.
2. Notiert schweigend Gedanken, Fragen und kurze Gebetssätze, die euch zu diesem Gebetsanliegen kommen.
3. Lasst euch von dem, was andere schreiben, zu weiteren kurzen Gebeten inspirieren, die ihr auf dem Blatt notiert.
4. Tauscht jeweils nach zehn bis 15 Minuten die Blätter in den Gruppen aus und notiert weiter schweigend Gedanken und Gebete dazu.
5. Schließt die Runde, indem einer ein kurzes, zusammenfassendes Gebet spricht oder einfach „Amen" sagt.

5. Brief an Gott

Vorbereitung: Besorge für alle Papier, Briefumschläge und Stifte.

1. Stellt euch auf Gottes Gegenwart ein.
2. Formuliert persönlich eure Gebete in einem Brief an Gott. Schreibt euren Dank, eure Ängste, eure Bitten und Sorgen auf (gut zu wissen: Der Brief wird von einem Gruppenmitglied gelesen werden).
3. Steckt euren Brief in einen Umschlag und verteilt die Briefe im Anschluss untereinander in der Gruppe. So kann jeder in der kommenden Woche für seinen Nächsten beten.
4. Macht einen gemeinsamen Abschluss. Sprich dazu ein lautes Gebet oder schließt gemeinsam mit dem Vaterunser ab.

Tipp
Wer es lieber mag, wenn es nicht ganz still ist, kann nebenher leise Musik laufen lassen.

Du kannst diese Idee auch für deine persönliche Stille Zeit nutzen, wenn du Punkt 3 weglässt. Stattdessen kannst du dir deinen Brief an Gott nach einiger Zeit noch mal anschauen, um Gottes Spuren in deinem Leben zu entdecken.

Vorbereitung: Besorge für alle Teilnehmenden ein Blatt Papier (DIN A4) und einen Stift.

1. In einem Moment der Stille überlegen sich alle, wofür sie Gott danken oder worum sie ihn bitten wollen.
2. Dann schreiben alle ihre Bitte oder ihren Dank mit einem kurzen Satz ganz oben auf ihr leeres Blatt und geben das Blatt an ihren linken Nachbarn weiter.
3. Die linke Nachbarin führt das Gebet fort und schreibt einen weiteren Gebetssatz unter den ersten Gebetssatz. Dann knickt sie das Blatt so nach hinten um, dass nur noch ihr Gebetssatz zu lesen ist. Wieder gibt sie den Zettel nach links weiter.
4. Der linke Nachbar führt das Gebet wieder mit einem kurzen Satz weiter. Dann knickt er auch das Blatt nach hinten um, so dass nur sein Satz zu lesen ist und gibt es wieder nach links weiter.
5. Das macht ihr so lange, bis alle wieder das Blatt haben, auf dem sie den ersten Satz notiert haben.
6. Jetzt können alle das von ihnen begonnene Gebet im Ganzen lesen.
7. Tauscht euch im Anschluss daran über die Entdeckungen aus, die ihr beim Lesen eurer Origami-Gebete gemacht habt.

Mit Schere und Kleber

7. Gebetswürfel

Vorbereitung: Besorge für jede/n einen Fotowürfel (Acrylwürfel, in den sich sechs Fotos schieben lassen, z. B. aus dem Fotogeschäft). Schneide für jeden Würfel Papier auf die passende Größe zu (z. B. Tonpapier in sechs verschiedenen Farben). Lege Kleber und Stifte bereit. Alternativ: Große Holzwürfel besorgen.

1. Schreibt für jede Seite eurer Gebetswürfel ein anderes Gebetsanliegen auf die Papierquadrate. Das kann ein Lob, ein Dank, eine Bitte, Klage oder Fürbitte sein.
2. Schiebt die Zettel in eure Würfel.
3. Nutzt eure Würfel über die nächsten Tage immer wieder an verschiedenen Orten, indem ihr mit dem Gebetswürfel würfelt und für das Anliegen, das obenauf liegt, betet.
4. Nach einigen Tagen könnt ihr die Würfel auch untereinander tauschen.

8. Gebetsposter

Vorbereitung: Du brauchst Stifte, Sprühdosen, Wasserfarbmalkasten oder zum Beispiel Kleber und bunte Papierschnipsel. Suche dir das kreative Mittel aus, mit dem du dich am besten ausdrücken kannst. Außerdem benötigst du ein großes, weißes Blatt Papier.

1. Entscheide dich für eine Person, für die du beten möchtest.
2. Denke einen Augenblick über die Person nach: Was macht sie aus? Was bewegt sie? Womit ist sie gerade beschäftigt?
3. Teile deine Gedanken mit Gott und bitte ihn, dass er dir hilft, die Person mit seinen liebevollen Augen zu sehen.
4. Bringe deine Eindrücke und Entdeckungen aus dem Gespräch mit Gott mit dem kreativen Mittel deiner Wahl zu Papier.
5. Wenn du magst, kannst du das Gebetsposter, das so entstanden ist, an die Person schicken, für die du gebetet hast.

Tipp

Auf diese Weise kannst du auch bei verschiedenen Ereignissen beten, zum Beispiel für eine bevorstehende Wahl oder die Opfer von Naturkatastrophen. Du kannst natürlich auch ein Danke-Poster anfertigen.

Mit Musik

9. Musik-Gebet

Vorbereitung: Suche dir ein Anbetungslied mit einem Text, der dir gut gefällt. Besorge dir den Liedtext auf Papier und das Lied zum Anhören (auf CD, Youtube, deinem Handy ...).

1. Finde Ruhe und stelle dich auf Gottes Gegenwart ein.
2. Höre dir das Lied an und achte ganz bewusst auf den Text des Liedes. Du kannst das Lied mitsingen oder den Text innerlich mitsprechen.
3. Bete den Liedtext zum Abschluss noch einmal (laut) – diesmal ohne Musik.

10. Dein persönliches Gebetslied

Vorbereitung: Du brauchst ein Anbetungslied mit einem Text, der dir gut gefällt. Höre verschiedene Songs durch und überlege, welcher dich inhaltlich und musikalisch am meisten anspricht. Besorge dir den Liedtext auf Papier und das Lied zum Anhören (auf CD, Youtube, deinem Handy ...).

1. Höre ganz bewusst auf den Text des Liedes – am besten mehrere Male.
2. Achte darauf, bei welcher Zeile oder welchen Worten du hängenbleibst. Überlege, welche Bedeutung sie für dich haben.
3. Präge dir die Melodie ein und lerne den Text – oder auch nur den Refrain oder eine einzelne Strophe – auswendig. Nimm das Lied mit in die nächsten Tage oder Wochen (vielleicht auch mit in den Urlaub oder die Winterpause). Mach das Lied zu deinem ganz persönlichen Gebetslied, das dich begleitet. Singe es immer wieder (leise, laut oder in Gedanken) zwischendurch und unterwegs. Ein solches Lied kann eine Hilfe sein, immer wieder mit Gott Kontakt aufzunehmen, auch wenn es gerade kein konkretes Anliegen gibt.

Tipp

Schreibe den Text auf eine Karte und hänge sie dir über den Schreibtisch, das Bett oder an den Spiegel. Dann wirst du immer wieder daran erinnert.

Beginne deine persönlichen Gebetszeiten jeweils damit, dieses Lied zu hören, dir „deine" Zeilen bewusst zu machen und den Text mitzubeten.

11. Beten mit Popsongs

Vorbereitung: Du brauchst die Möglichkeit, Musik zu hören (Radio, MP3-Player, Youtube, CDs und CD-Player etc.)

1. Achte aufmerksam auf die Texte der Popsongs im Radio, auf deinem MP3-Player oder in deiner CD-Sammlung.
2. Beim genauen Hinhören kannst du entdecken, dass manche Texte oder Textteile eigentlich Gebete sind - oder zu Gebeten werden können, wenn wir sie bewusst Gott zusingen.
3. Besorge dir die Texte der entsprechenden Lieder. Lies sie durch. Vielleicht willst du bei englischen Texten unbekannte Wörter nachschlagen. Und dann bete sie mit, während du sie anhörst.
4. Wenn dir das nächste Mal irgendwo dieses Lied begegnet, freue dich darüber und schicke ein Gebet zum Himmel.

Tipp

Liedbeispiele:

„Lifesaver" von Sunrise Avenue

„Rise Up" von Beyoncé

„You Make Me" von Avicii

„You Found Me" von The Fray

„Where Is The Love?" von den Black Eyed Peas

„Ich brauche dich" von Xavier Naidoo

„Jah Is Changing All" von Söhne Mannheims

„Alles an dir" von Laith Al Deen

Mit Texten

12. Gebete ausleihen

Vorbereitung: Du brauchst eine Bibel, Liederbücher, Bücher mit Gebetstexten und/oder Internetzugang, um nach vorformulierten Gebeten zu suchen.

1. Manchmal fehlen dir die Worte, um Gott zu sagen, was dich bewegt? Dann leih dir doch Worte von anderen Betern und Beterinnen und lerne sie auswendig. Die Klassiker dafür sind das „Vaterunser" und der Psalm 23. Es gibt aber noch viele weitere Psalmen, bei denen es sich lohnt, sie auswendig zu kennen. Auch Gebete von Personen der älteren und jüngeren Kirchengeschichte können eine Hilfe sein, z. B. das Friedensgebet von Franz von Assisi. Du findest die Gebetstexte in der Bibel, in Gesang- und Liederbüchern oder auch im Internet.
2. Wenn du ein Gebet gefunden hast, dann bete es ein oder zwei Wochen lang jeden Tag einmal zu einer festen Zeit. So machst du den Text zu deinem Gebet und lernst ihn dabei noch auswendig.

13. Die Psalmen entdecken

Vorbereitung: Du brauchst eine Bibel, Stift und Papier.

1. Bitte Gott, dass er zu dir spricht.
2. Blättere in den Psalmen, bis du einen gefunden hast, der zu deiner Stimmungslage passt.
3. Übertrage den Text in deine Stimmung, Sprache und Gemütsverfassung. Habe dabei Mut zur Verfremdung und zum Transfer. Bleibe deiner Seele treu.

Tipp

In der Gruppe könnt ihr den Psalm auch Satz für Satz oder nach Sinnabschnitten unterteilt lesen. Nach jeder Einheit haben alle die Gelegenheit, die Gedanken aufzugreifen und mit Anbetung, Dank oder Fürbitte einzustimmen und mit eigenen Worten zu beten.

Auf www.bibelserver.com kannst du unterschiedliche Übersetzungen zurate ziehen und einander gegenüberstellen.

14. Rachepsalm

Vorbemerkung: In den so genannten „Rachepsalmen" (z. B. Psalm 59, 69 oder 109) lassen die Betenden in drastischen Worten ordentlich Dampf ab. Sie schleudern Gott ihre Wut auf andere Menschen und ihren Wunsch nach Vergeltung vor die Füße. Dass diese Rachegedanken in der Bibel zu finden sind, heißt nicht, dass sie von Gott gut geheißen werden. Aber es zeigt, dass auch diese Gefühle im Gebet und bei Gott ihren Platz haben. Gott geht es darum, dass Rache begrenzt wird. Mehr noch: An ihre Stelle sollen Vergebung, Gewaltverzicht und Feindesliebe treten. Damit dies geschieht, kann es aber hilfreich sein, dass die Rachegedanken vor Gott ausgesprochen werden. Denn was wir ihm nennen, kann er verwandeln.

Vorbereitung: Du brauchst Stift und Papier.

1. Überlege dir, auf welchen Menschen oder welche Situation du wütend bist. Wem gegenüber empfindest du Hass? Wem gegenüber hast du Rachegedanken?
2. Formuliere schriftlich einen „Rachepsalm", indem du deine Rachegedanken, deine Wut und deine Hassgefühle in einem Gebet an Gott aufschreibst.
3. Lies dir noch einmal durch, was du aufgeschrieben hast. Überlege dabei: Was denkt Gott über diesen Menschen oder die Situation? Wie kann er helfen, verändern, heilen, verwandeln …? Welche Lösung kann er schenken, auf die du alleine nicht kommen würdest?

4. Tritt zum Abschluss mit Gott in einen Dialog darüber, was dir beim Durchlesen deines „Rachepsalms" aufgefallen ist. Bitte ihn konkret um das, was du brauchst, um nicht Rache zu üben, sondern eine andere Lösung zu suchen.

Tipp

Du kannst auch überlegen, wer auf dich wütend ist. Versuche dann, einen „Rachepsalm" aus Sicht dieser Person zu formulieren. Auch hier kannst du dich fragen, was Gott dazu denkt und mit ihm darüber ins Gespräch kommen.

1. Bitte Gott, dass er in dieser Gebetszeit zu dir spricht.
2. Bete das Vaterunser langsam Vers für Vers.
3. Bete noch einmal jeden Vers einzeln, denke dabei über ihn nach und fasse ihn in deine eigenen Worte. Komme mit Gott über das, was dir dabei einfällt, ins Gespräch. Dann gehe zum nächsten Vers über.
4. Bete das Vaterunser zum Schluss noch einmal flüssig laut durch.

Tipp

Du findest das Vaterunser in Matthäus 6,9-13 und Lukas 11,2-4.

Du kannst dir deine eigenen Formulierungen der Verse, deine Gedanken und Gebete auch aufschreiben. Wenn du willst, drucke dir dafür die einzelnen Verse mit großem Abstand aus und notiere deine Gedanken dazwischen.

Mit den Augen

16. Bildbetrachtung

Vorbereitung: Suche ein Foto, ein Plakat oder auch ein Gemälde aus. Bringe für alle Teilnehmenden eine Kopie des Bildes mit oder projiziere es per Video-Beamer an die Wand.

1. Werdet still und stellt euch auf Gottes Gegenwart ein.
2. Bittet Gott, dass er durch das Bild zu euch spricht.
3. Lasst das Bild auf euch wirken:
   - Was seht ihr?
   - Was spricht euch an?
   - Welches Detail zieht eure Aufmerksamkeit auf sich?
   - Welche Frage stellt das Bild?
   - Welchen Titel würdet ihr dem Bild geben?
4. Sprecht nun mit Gott. Teilt ihm mit, was euch jetzt bewegt und was ihr entdeckt habt.

Tipp

Bei der meditativen Bildbetrachtung geht es nicht um eine künstlerische Analyse des Bildes, sondern darum, das Bild auf sich wirken und Gott dadurch sprechen zu lassen.

Für Jugendliche und Erwachsene eignet sich zum Beispiel „Die Rückkehr des verlorenen Sohns" von Rembrandt.

17. Beten mit dem Fotoapparat

Vorbereitung: Du brauchst eine Digitalkamera (Spiegelreflex-, Pocket- oder Handykamera).

1. Mache einen Spaziergang im Wald, in der Stadt, am Hafen, durch deine Straßen oder zum Beispiel am See.
2. Bitte Gott, dass er dir einen aufmerksamen Blick schenkt.
3. Fotografiere das, was dich unmittelbar anspricht. Nimm dabei verschiedene Blickwinkel ein.
4. Schau dir zu Hause die entstandenen Fotos an und lass die Bilder auf dich wirken. Du kannst dabei ähnlich vorgehen, wie unter der Methode „Bildbetrachtung" (Seite 30) beschrieben.
5. Rede mit Gott darüber, was du beim Fotografieren entdeckt hast und was dich jetzt beim Betrachten der Bilder bewegt.

Mit dem Körper

18. Atemrhythmus

Vorbereitung: Gehe an einen ruhigen Ort. Lege dir Stift und Zettel bereit.

1. Setze dich bequem hin, stelle dich auf Gottes Gegenwart ein und bitte ihn, dass er in der folgenden Gebetszeit zu dir spricht.
2. Atme langsam und tief durch die Nase ein bis die Lunge gut gefüllt ist. Nach einer kurzen Pause atmest du langsam durch den Mund wieder aus. Stelle dich auf diesen Rhythmus ein und lass deinen Atem „fließen". Nach einer Zeit atmest du ganz selbstverständlich und ruhig. Dieses rhythmische Atmen hilft dir, in Gottes Gegenwart zu verweilen.
3. Jetzt höre auf die Gedanken, Bilder und Eindrücke, die er dir schenkt. Wenn dir eine Alltagssache einfällt, die du nicht vergessen willst oder erledigen musst, schreibe sie dir kurz auf und lasse sie dann ziehen.
4. Schreibe im Anschluss deine Bilder und Eindrücke auf.
5. Nimm diese Gedanken mit in deinen Alltag und „bewege sie weiter in deinem Herzen".
6. Schau dir nach ein paar Tagen deine Notizen noch mal an. Was spricht dich weiterhin an? Was kannst du mit den Erlebnissen der letzten Tage neu in Verbindung bringen? Was hat mit etwas zeitlichem

Abstand an Bedeutung verloren? Wo entdeckst du Gottes Reden?

Tipp

Falls du diese Idee in einer Gruppe durchführst, verabredet miteinander, wie ihr die Zeit, in der ihr atmet, schweigt und auf Gott hört, beenden wollt.

Vorbereitung: Gehe an einen ruhigen Ort.

1. Setze dich möglichst aufrecht hin.
2. Höre in der Stille auf deinen Atem.
3. Achte auf den Rhythmus von Ein- und Ausatmen, von Empfangen und Loslassen.
4. Nach einer gewissen Zeit kannst du dein Atmen mit einem kurzen Gebetssatz verbinden. Sprich innerlich – ohne Mund und Lippen zu bewegen – beim Einatmen: „Gott, du, ..." und beim Ausatmen: „... ich bin hier".
5. Wenn du dies eine Zeit lang machst, kannst du erleben wie es „in dir betet", ohne dass du bewusst etwas dafür tun musst.
6. Bete zum Schluss noch einmal sehr deutlich ein und wieder aus.

Tipp

Du kannst dein Atmen auch mit anderen Gebetssätzen verbinden:

Beim Einatmen: „Atem in mir, ...". Beim Ausatmen: „... du, Heiliger Geist".

Beim Einatmen: „Herr Jesus Christus, ...". Beim Ausatmen: „... erbarme dich meiner".

Beim Einatmen: „Tag, du gehst ...". Beim Ausatmen: „... Gott, du bleibst".

20. Körpergebet

Vorbereitung: Richte den Raum gemütlich her. Stelle dazu Kerzen auf und lege Matten auf den Boden.

1. Alle suchen sich einen Platz und stellen sich damit auf Gottes Gegenwart ein.
2. Probiert verschiedene Gebetshaltungen aus. Macht euch bewusst, was sie jeweils für euch aussagen.
3. Einer erklärt mit knappen Worten die verschiedenen Gebetshaltungen und macht sie vor. Alle anderen machen sie nach:
   - Verneigt euch vor Gott und spürt seine Stärke.
   - Legt euch mit angelegten Armen auf den Bauch und spürt mit dem ganzen Körper Gottes Schöpfung.
   - Stellt euch mit ausgebreiteten Armen vor Gott und fühlt den Boden unter euren Füßen, der euch trägt.
   - Setzt euch und empfangt mit geöffneter Hand Gottes Liebe.
   - Fühlt die ungewohnte Sitzposition des Schneidersitzes oder des Kniens.
   - Hört in euren Körper und freut euch, dass Gott alle von euch wunderbar gemacht hat.
   - Sitzt mit gesenktem Kopf, geschlossenen Augen und gefalteten Händen und genießt das Zweiergespräch mit Gott.
4. Achtet auf den Rhythmus von Ein- und Ausatmen.
5. Schließt diese Art des Körpergebets mit dem Vaterunser ab.

Tipp

Wenn ihr dieses Körpergebet einige Male mit der gleichen Gruppe durchgeführt habt, braucht keiner mehr die Gebetshaltungen zu erklären. Dann könnt ihr schweigend beten und euch ganz auf euren Körper konzentrieren.

21. Huckepack-Gebet

Vorbereitung: Suche einen Berg oder Hügel, einen längeren Anstieg oder eine lange Treppe, an dem ihr ungestört seid.

1. Alle nehmen einen Partner Huckepack und machen sich auf den Weg zum „Gipfel".
2. Seid beim Anstieg innerlich mit Gott im Gespräch und spürt die körperliche Anstrengung.
3. Setzt am Gipfel euren Partner behutsam ab. Spürt die körperliche Entlastung und ebenso die Entlastung durchs Gebet.
4. Macht euch wieder auf den Weg ins Tal. Tauscht dabei die Rollen.
5. Seid auch beim Abstieg mit Gott im Gespräch und spürt die körperliche Anstrengung.
6. Wenn ihr wieder im Tal angekommen seid, setzt ihr euren Partner wieder behutsam ab. Diesmal spürt der andere Partner die körperliche und geistliche Entlastung.
7. Tauscht euch im Anschluss über eure Erfahrungen aus.

22. Hausgebet

Vorbereitung: Ihr braucht Musik, die zum Tanzen animiert.

1. Schalte die Musik ein. Alle bewegen sich im Raum.
2. Nach einer gewissen Zeit stoppst du die Musik und forderst die Teilnehmenden auf, sich zu Dreier-Gruppen zusammenzufinden.
3. In den Dreier-Gruppen bilden zwei Teilnehmer mit ihren Händen ein Dach, unter das sich der Dritte geschützt stellen kann.
4. Der „Geschützte" erzählt den anderen beiden, was ihn bewegt und was er vor Gott bringen möchte.
5. Die beiden „Hausdächer" beten gemeinsam für den „Geschützen".
6. Jetzt wird die Musik wieder eingeschaltet und es folgt die nächste Runde.
7. Spielt so lange, bis möglichst für alle einmal gebetet wurde.

Mit spielerischen Ideen

23. Wunderkerzen-Gebet

Vorbereitung: Bringe eine Wunderkerze für jeden mit, ein Feuerzeug und eine oder mehrere Kerzen (Teelichter), an denen alle ihre Wunderkerzen entzünden können.

1. Alle zünden ihre Wunderkerzen an und suchen sich einen Platz.
2. Solange die Wunderkerze brennt, schicken alle im Stillen ihr Gebet zu Gott. Bringt ihm ein ganz bestimmtes Anliegen, das euch auf der Seele brennt.
3. Wenn die Kerze ausgebrannt ist, schließt jeder sein Gebet mit einem lauten Amen ab.

Tipp
Wenn ihr mögt, könnt ihr auch mehrere Wunderkerzen für alle mitbringen und jeder und jede kann mehrfach beten.

24. Seifenblasen-Gebet

Vorbereitung: Besorge für alle eine Dose Seifenblasen.

1. Am besten geht ihr an einen schönen Ort mit weitem Ausblick.
2. Alle suchen sich mit ihren Seifenblasen einen Platz.
3. Mit jedem Puster wird ein Gebet losgeschickt.
4. Schaut den Seifenblasen so lange nach, bis sie platzen, und geht dabei vor Gott euren Gedanken nach.
5. Pustet neue Seifenblasen und sprecht im Stillen ein neues Gebet.

25. Luftballon-Gebet

Vorbereitung: Besorge für alle Teilnehmenden einen Luftballon. Außerdem brauchst du eine Nadel, um die Luftballons platzen zu lassen.

1. Alle bekommen einen Ballon zum Aufpusten.
2. Bringt bei jedem Luftstoß das vor Gott, was ihr loswerden wollt: Fragen, Sorgen, Ängste. Pustet euch damit den Kummer von der Seele.
3. Wenn der Ballon gut gefüllt ist, knotet ihr ihn zu.
4. Zum Abschluss lasst ihr die Ballons platzen – als Bitte an Gott, dass er eure Sorgen „zum Platzen" bringen soll.

26. Gebetspuzzle

Vorbereitung: Besorge ein Blanko-Puzzle mit großen Puzzleteilen (gesehen etwa bei www.dawanda.de und www.buntpapiershop.de). Oder bastele ein Puzzle aus festem Papier, auf das du ein einfaches Bild in hellen Farben malst. Das erleichtert später das Puzzeln. Bringe ausreichend (Filz-)Stifte und zwei kleine Körbe mit.

1. Fülle die leeren Puzzleteile in einen Korb. Alle können sich nun ein oder mehrere Puzzleteile herausnehmen und jeweils ein Gebetsanliegen darauf schreiben. Die beschriebenen Puzzleteile wandern in den anderen Korb.
2. Wenn alle fertig sind, aber nicht alle Teile beschriftet wurden, lege auch die leeren Teile in den anderen Korb.
3. Sucht ein Eck- oder Randteil, mit dem ihr beginnt. Wenn ein Gebetsanliegen auf dem Puzzleteil steht, betet dafür.
4. Dann wird ganz normal weiter gepuzzelt. Jedes Mal, wenn ein passendes Stück gefunden wird, auf dem ein Gebet steht, wird für das darauf stehende Anliegen gebetet.
5. Wenn das Puzzle fertig ist, kannst du ein abschließendes Gebet sprechen.

Vorbereitung: Du brauchst jeweils zwei Fotos von allen Leuten, die mit euch beten, und so viele Bierdeckel wie Fotos. Klebe die Fotos auf die bedruckte Seite des Bierdeckels (damit auf der Rückseite alle Bierdeckel weiß sind; wenn die Bierdeckel beidseitig bedruckt sind, brauchst du identische).

1. Legt die Bierdeckel in Reihen auf dem Tisch oder Boden aus.
2. Wer dran ist, darf zwei Karten aufdecken. Sind sie gleich, darf er das Paar behalten und für die Person auf den Karten beten.
3. Werden zwei unterschiedliche Karten umgedreht, werden sie wieder zugedeckt und der Nächste ist dran.
4. Spielt so lange, bis alle Karten aufgedeckt sind.

Tipp

Diese Idee eignet sich vor allem für eine Gruppe mit festen Teilnehmern (z. B. eine Freizeit, eine Konfigruppe oder ein fester Hauskreis), in der das Memory vorher fertiggestellt werden kann.

Für mögliche Überraschungsgäste ein paar Bierdeckel in petto halten. Sie können die ihren Namen darauf schreiben oder sich selbst zeichnen.

Alternativ können sich alle vor Spielbeginn selbst zweimal zeichnen und ihre Namen dazuschreiben (dann brauchst du identische Bierdeckel mit Leerseite).

Vorbereitung: Bringe Bilder von Verkehrsschildern mit oder macht an einer Strecke mit vielen Schildern einen Spaziergang.

1. Überlegt, welche Bedeutung die Schilder haben und welche Verbindung ihr zwischen ihnen und eurem Leben und Glauben ziehen könnt.
   Zum Beispiel:
   - „Sackgasse": Wo hat Gott mich aus einer Sackgasse geführt?
   - „Umleitung": Wo ist Gott mit mir einen anderen Weg gegangen?
   - „Geschwindigkeitsbegrenzung": In welchem Tempo bin ich in meinem Leben unterwegs?
2. Tauscht euch darüber aus und betet zusammen.

29. Angler-Gebet

Vorbereitung: Besorge ein Angelspiel. Befestige an einigen Fischen des Angelspiels kleine Zettel mit Gebetsanliegen.

1. Reihum wird ein Fisch aus dem „Teich" des Spiels geangelt.
2. Angelt ein Mitspieler einen Zettel mit einem Gebetsanliegen, stoppt das Spiel und der Spieler betet für das Anliegen auf dem Zettel. Ihr könnt je nach Gruppengröße auch zu zweit oder in Kleingruppen dafür beten.
3. Wenn ihr alle Fische mit Gebetsanliegen aus dem „Teich" geangelt habt, kann zum Schluss noch jemand beten oder ihr sprecht gemeinsam das Vaterunser.

30. Merci-Dank

Vorbereitung: Besorge so viele Merci-Schokoladenriegel, dass alle in der Gruppe mindestens einen Riegel bekommen.

1. Stell dich auf Gottes Gegenwart ein.
2. Nimm dir einen Riegel Merci deiner Lieblingssorte, packe ihn aus und lasse den Riegel im Mund auf der Zunge schmelzen.
3. Schick mit jedem Stück, das in deinem Mund schmilzt, ein Merci, einen Dank an Gott.
4. Schließt die Runde mit dem Vaterunser ab.

Vorbereitung: Packe eine Tafel Schokolade in mehrere Lagen Zeitungspapier ein. Lege zwischen die einzelnen Schichten jeweils einem Zettel mit Gebetsanliegen. Besorge außerdem Messer, Gabel, Handschuhe, Mütze und Würfel.

1. Würfelt reihum.
2. Wer eine Sechs würfelt, zieht Handschuhe und Mütze an und öffnet mit Messer und Gabel die Zeitungslagen um die Schokolade.
3. Reihum wird weiter gewürfelt, bis wieder eine Sechs fällt. Handschuhe und Co. wechseln dann den Träger und der Nächste darf die Schokolade weiter auspacken.
4. Findet jemand einen Zettel mit einem Gebetsanliegen, wird in Kleingruppen dafür gebetet.

Tipp

Alternativ kannst du ein kleines Geschenk (z. B. Schokoriegel, Seifenblasen, Teelichthalter) mit mehreren Lagen Packpapier umwickeln und auf jede Lage ein Gebetsanliegen schreiben. Wer beginnt, wickelt die erste Lage ab, betet laut für das Anliegen und wirft das Päckchen irgendeiner anderen Mitbeterin zu, die wiederum eine Schicht entfernt und betet. Wer zuletzt das Geschenk öffnet, darf sich einfach freuen – oder zündet beispielsweise die Kerze an und spricht das Schlussgebet.

Der Reihe nach

32. LoBeBiDaZ

Suche dir einen Ort, an dem du zur Ruhe kommen kannst, und nimm dir Zeit für die fünf verschiedenen Elemente von LoBeBiDaZ: Loben – Bekennen – Bitten – Danken – Zuhören. Gehe die einzelnen Fragen nacheinander durch und lasse dich von ihnen zum Gebet motivieren.

- *LOben:* Was findest du gut an Gott?
- *BEkennen:* Wo läufst du schon seit langem mit einem schlechten Gewissen herum? Wo hast du einen Fehler gemacht? Oder mit welcher deiner Macken hast du immer wieder zu kämpfen und wirst sie einfach nicht los?
- *BItten:* Willst du Gott um etwas bitten? Für dich selber, deine Freunde, deine Familie? Oder liegen dir Dinge auf dem Herzen, die in unserem Land oder in der Welt passieren?
- *DAnken:* Wofür und für wen willst du Gott danke sagen? Womit beschenkt er dich? Wo hat er deine Gebete erhört? Wo hat er dich spürbar unterstützt?
- *Zuhören:* Will Gott dir etwas sagen? Werde still und höre hin, ob du Gottes Reden oder sein leises Flüstern hörst. Vielleicht schenkt er dir einen Gedanken zu einer Frage oder einer Situation, in der du steckst.

Tipp

Ganz ähnliche Gebetsmethoden beschreiben auch diese Akronyme:

- ABBA (Anbeten – Bekennen – Bedanken – Anliegen nennen)
- AIDA (Anbeten – Intensiv Schuld bekennen – Danken – Anliegen bringen)
- BETE (Bei Jesus sein – Ehrlich bekennen – Tiefgehend für andere einstehen – Eigene Bitten sagen)

Sie alle dienen quasi als „Geländer", an dem man sich in einer Gebetszeit entlang hangeln kann. Wenn deine Gedanken abschweifen, kannst du immer wieder leicht zu dem Punkt zurückkehren, an dem du gerade betest.

Diese zwölf Gebetsanregungen helfen dir, eine ganze Stunde lang zu beten. Mach es dir zu Hause gemütlich oder gehe los zu einem Gebets-Spaziergang und nimm dir für jeden der folgenden Punkte jeweils fünf Minuten Zeit (wenn du willst, stelle dir einen Wecker):

1. Überlege, was bisher heute los war. Was hat dich beschäftigt? Mach dir bewusst: Mit all diesen Erlebnissen und Gefühlen stehst du jetzt vor Gott. Er weiß, was dich bewegt und sieht, wie es dir geht.
2. Sage Gott, was du gut an ihm findest.
3. Sage ihm danke für die Dinge in deinem Leben, die er dir schenkt.
4. Was soll Gott in deinem Leben bewegen und verändern? Bitte ihn darum!
5. Bete für einen Freund oder jemanden aus deiner Familie.
6. Bete für deinen CVJM, deine Gemeinde oder Gruppe.
7. Bete für dein Land (oder das Land, in dem du gerade bist).
8. Bete für ein bestimmtes Land, dessen Menschen dir am Herzen liegen.
9. Kennst du einen Psalm auswendig? Dann sprich ihn laut oder in Gedanken und mach dir bewusst, was für eine Bedeutung diese Worte haben.
10. Sei still und höre, ob auch Gott dir etwas zu sagen hat.

11. Bitte Gott um seine Führung in deinem Leben, um offene Augen, Ohren und ein weites Herz.
12. Singe laut oder in Gedanken ein Lobpreislied.

1. Suche dir einen Ort, an dem du zur Ruhe kommen kannst.
2. Bring jeweils genau eine Klage, eine Bitte und ein Lob vor Gott:
   - *Klage:* Sage Gott eine Sache, die dich stört, wo du vielleicht enttäuscht bist, dass er nicht handelt, wo du etwas nicht verstehst oder wo etwas schiefgelaufen ist.
   - *Bitte:* Bringe Gott ein Gebetsanliegen, das dir besonders auf dem Herzen liegt.
   - *Lob:* Lobe Gott für eine Sache, die er dir heute geschenkt hat oder die du mit ihm erleben durftest.

35. Mit den Perlen des Glaubens

Vorbereitung: Informiere dich unter www.perlen-des-lebens.de oder www.perlen-des-glaubens.de über diese Perlenkette, bei der jede Perle für eine Lebensfrage, einen Gedanken oder ein Gebet steht. Besorge die entsprechenden Materialien, um mit deiner Gruppe ein solches Perlenarmband zu basteln.

1. Stelle mit deiner Gruppe die Perlenarmbänder her. Am Ende sollten alle eins haben.
2. Geht die Perlen gemeinsam durch und sprecht zu jeder Perle ein Gebet. Du kannst auch vorab zu jeder Perle einen kurzen Gedanken mitteilen.
3. Ermutige die Teilnehmenden, das Perlenarmband im Alltag mit sich zu tragen und als Hilfe fürs Gebet zu nutzen.

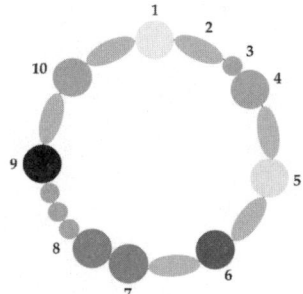

1. Gottesperle
2. Perlen der Stille
3. Ich-Perle
4. Taufperle
5. Wüstenperle
6. Perle der Gelassenheit
7. Perlen der Liebe
8. Geheimnisperlen
9. Perle der Nacht
10. Perle der Auferstehung

1. Du betest (allein oder in der Gruppe), indem du deine fünf Finger zur Hilfe nimmst. Jeder Finger steht dabei für eine Frage:
   - *Daumen:* Was gefällt dir in deinem Leben? Wofür bist du Gott dankbar?
   - *Zeigefinger:* Worauf hat Gott dich aufmerksam gemacht? Was willst du bekennen?
   - *Mittelfinger:* Was stinkt dir in deinem Leben? Worüber willst du klagen?
   - *Ringfinger:* Wo hast du Gottes Treue in deinem Leben erlebt? Wofür willst du ihn loben?
   - *Kleiner Finger:* Was kommt in deinem Leben zu kurz? Worum willst du Gott bitten?
2. Du kannst die Finger nacheinander durchgehen und zu jeder Frage ein kurzes Gebet sprechen. Du kannst aber auch bei einem Finger hängenbleiben und länger mit Gott über diese Frage reden.

Vorbereitung: Überlege dir einige konkrete Fragen, die dich und die Leute aus deiner Gruppe gerade bewegen und schreibe sie auf.

1. Beginnt mit einem kurzen Gebet, in dem ihr Gott dafür dankt, dass er ein offenes Ohr für eure Fragen hat und in dem ihr ihn bittet, dass er euch in der folgenden Gebetszeit begegnet.
2. Einer liest die erste Frage laut und langsam vor.
3. Im Gebet könnt ihr dann diese Frage aufnehmen. Alle können sie mit ihren Worten Gott stellen. So kommt ihr gemeinsam mit Gott über diese Frage ins Gespräch.
4. Nach einer gewissen Zeit, wenn keiner mehr etwas zu sagen hat, wird die nächste Frage vorgelesen, die euch dann wieder in einen Austausch mit Gott führt.
5. Wenn ihr alle Fragen durchgegangen seid, schließt ihr diese Gebetszeit mit dem Vaterunser oder einem anderen zusammenfassenden Gebet ab.

Tipp

Wenn ihr Gott eine Frage stellt, dann dürft ihr auch darauf hoffen, dass er euch antwortet – nicht immer direkt, aber manchmal auch schon während der Gebetszeit. Springt darum nicht zu schnell zur nächsten Frage, sondern baut auch ein paar stille Momente ein, in denen ihr schweigt und auf Gott hört.

38. Luthers Fragen

Vorbereitung: Suche einen passenden Bibeltext für die Gruppe aus, über den ihr euch austauschen und beten wollt.

Lies den Bibeltext vor und tauscht euch dann mit Hilfe von Luthers Fragen darüber aus. Betet anschließend gemeinsam in vier Gebetsrunden anhand der vier Fragen:

- Wofür will ich danken? – Beginnt mit dem Dank für das Gehörte und Gelesene.
- Worum will ich bitten? – Dem Danken folgen eure Bitten, die sich aus dem Text und Gespräch ergeben.
- Was will ich bekennen? – Nehmt euch Zeit Gott zu sagen, wo ihr durch den Text entdeckt habt, dass in eurem Leben etwas nicht gut gelaufen ist.
- Was soll ich tun? – Fragt Gott, was ihr tun sollt und wie ihr den Text in eurem Alltag umsetzen könnt.

Im Alltag

39. Beten! Jetzt!

1. Speichere dir die Worte „Beten! Jetzt!" als fortlaufenden Termin in dein Handy ein.
2. Überlege dir, wie oft du erinnert werden willst: Monatlich, wöchentlich, täglich? Vielleicht sogar stündlich?
3. Jedes Mal, wenn dein Handy dich erinnert, nimm dir einen Moment lang Zeit zum Beten. Zum Beispiel für die Menschen um dich herum oder für eine Situation, die dich gerade beschäftigt und dir wichtig ist.

Tipp
Du kannst auch direkt ein oder mehrere konkrete Gebetsanliegen abspeichern.

Wenn du lieber ohne Handy unterwegs bist, kannst du kleine, bunte Klebepunkte auf Gegenstände kleben, die dir im Alltag häufig begegnen, und dich auf diese Weise erinnern lassen. Oder du markierst deine Armbanduhr und betest jedes Mal, wenn du darauf schaust.

40. Zehn-Sekunden-Gebet

1. Stell dich zu Beginn des Tages mit einem Gebet auf Gottes Gegenwart ein. Gehe davon aus, dass Gott dich durch diesen Tag begleitet.
2. Sprich bei allen Tätigkeiten, die du an diesem Tag beginnst, ein kurzes Zehn-Sekunden-Gebet. Zum Beispiel ein Dank-Gebet, wenn du dir einen Kaffee einschenkst oder ein kurzes Bitt-Gebet, wenn du das Haus verlässt.
3. Bete über den Tag verteilt immer wieder solche kurzen Zehn-Sekunden-Gebete.

Tipp

Für den Anfang kannst du auch erst einmal eine einzelne Tätigkeit mit einem Zehn-Sekunden-Gebet verknüpfen, zum Beispiel das Einschenken des Kaffees. Halte dich ein paar Tage daran und wenn es ganz von alleine läuft, verknüpfst du eine weitere Tätigkeit mit einem Zehn-Sekunden-Gebet. So baust du langsam eine Gewohnheit auf.

Manche haben auch gute Erfahrungen mit einem Gebetstimer gemacht: Gemäß dem Bibelvers „Betet allezeit" stellen sie einen Intervallzeitgeber (online auch als „Intervall-Timer" zu finden), sodass er beispielsweise alle zehn Minuten piepst oder vibriert. Immer dann beten sie leise ein Zehn-Sekunden-Gebet. Ähnlich funktioniert die App „Betet Allezeit" (bei iTunes).

41. Müllgebet

Vorbereitung: Du brauchst eine volle Mülltüte, die du wegbringen willst.

1. Stell dich auf Gottes Gegenwart ein, indem du ein paar Mal tief ein- und ausatmest.
2. Bringe deinen Müll zur Tonne oder zum Container und schau dir die einzelnen Teile an, die du wegwirfst.
3. Je nachdem, was sich in deinem Müll befindet, kannst du Gott jeweils danken oder bitten.
   Zum Beispiel:
   - Benutztes Taschentuch: Du könntest Gott dafür danken, dass er tröstet oder für die Menschen beten, die du kennst, die gerade traurig oder krank sind.
   - Leere Schokoladenpackung: Danke Gott für einen schönen Moment, den du in den letzten Tagen erlebt hast.

Tipp

Diese Gebetsidee kannst du auch mit einer Gruppe durchführen, indem du ausgesuchten Müll mitbringst und ihn auf einem Tisch ausbreitest. Die Gruppe kann sich dann darum stellen und wie oben beschrieben beten.

42. Gebet to go

1. Atme ein paar Mal tief ein und aus. Stell dich auf Gottes Gegenwart ein.
2. Brich zu einem kurzen Spaziergang von etwa zehn Minuten auf. Nutze diese Zeit, um auf Gott zu hören.
3. Schau dich um und assoziiere das, was du siehst, mit Gott, deinem Glauben und deinem Alltag.
4. Lass dich von diesen Assoziationen unterwegs zu einem Gespräch mit Gott inspirieren.

Tipp

Nicht nur ein Spazierengang, sondern auch Joggen, Schwimmen oder Radfahren bieten sich für solche Gebetszeiten an.

Du kannst diese Idee auch mit einer weiteren Person oder in einer größeren Gruppe durchführen. Dann könnt ihr euch über eure Beobachtungen austauschen und gemeinsam beten.

43. Pausengebet

Vorbereitung: Du brauchst Karteikarten und Stifte.

1. Nutze die Schul- oder Arbeitspause, um dich mit Mitschülern oder Kolleginnen zu einem Pausengebet zu treffen.
2. Euer erstes Pausengebet kann folgendermaßen ablaufen:
   - Sammelt die Anliegen, die euch auf dem Herzen liegen, indem ihr sie auf Karteikarten notiert.
   - Betet für die Anliegen, die ihr notiert habt.
   - Zum Abschluss sammelt einer die Karteikarten ein und bringt sie zum nächsten Treffen wieder mit.
3. Beim zweiten und den folgenden Treffen könnt ihr so vorgehen:
   - Teilt die Karteikarten vom letzten Treffen aus und schaut, welche Gebete beantwortet sind. Dankt Gott dafür und werft die entsprechenden Karteikarten weg.
   - Sammelt zusätzlich neue Anliegen und schreibt auch diese wieder auf Karteikarten.
   - Betet für die neuen und die alten, noch unbeantworteten Anliegen.
   - Zum Abschluss sammelt wieder eine die Karteikarten ein und bringt sie zum nächsten Treffen wieder mit.

Tipp

Die Zeit eines Pausengebets ist knapp, deshalb ist es gut, wenn der Ablauf klar gestaltet wird, damit nicht unnötig Zeit für Small Talk draufgeht.

1. Stellt euch mit einem kurzen Gebet auf Gottes Gegenwart ein.
2. Schlendert langsam z. B. durch eine Kirche oder über einen Schulhof und lasst den Raum auf euch wirken und zu euch sprechen. Erspürt, wo es euch hinzieht.
3. Zu welchem Gebet inspiriert euch das, was ihr seht? Teilt eure Gedanken und Beobachtungen mit Gott.

45. Gebetsfrühstück

Vorbereitung: Vereinbart einen Frühstückstermin und wer welche Lebensmittel mitbringt. Besorge für jede Person eine Kerze und stelle sie vor dem Frühstück an jeden Platz.

1. Beginnt das Frühstück mit einem Tischgebet.
2. Nachdem ihr eine Weile miteinander gegessen habt, zündet reihum jeder eine Kerze an und betet für ein Anliegen, das ihm auf dem Herzen liegt. Zum Schluss brennen alle Kerzen.
3. Wenn ihr ausreichend Zeit habt, könnt ihr jetzt gemütlich zu Ende frühstücken.

Tipp

Wenn der Tisch ausreichend groß ist, könnt ihr die Kerzen vor dem Frühstück auch in Kreuzform auf den Tisch stellen. Für ihr Gebet zünden alle dort eine Kerze an.

Zu bestimmten Zeiten

46. Gebet zu festen Zeiten

1. Stelle dich mit einem Gebet auf Gottes Gegenwart ein. Gehe davon aus, dass Gott dich begleitet wie ein guter Freund.
2. Lege über den Tag verteilt fünf Zeiten für das Gespräch mit Gott fest. Das könnte zum Beispiel so aussehen:
   - beim Aufstehen,
   - vor dem Frühstück,
   - vor dem Mittagessen,
   - vor dem Abendbrot und
   - vor dem Schlafengehen.
3. Sprich mehrere Wochen lang zu den fünf Zeiten ein Gebet.

Tipp

In vielen Liederbüchern findest du vorformulierte Gebete für die verschiedenen Tageszeiten. Bei buch & musik ist zum Beispiel „Das Liederbuch" erschienen, das einen Abschnitt mit passenden Texten und Gebeten enthält. Mehr dazu auf: www.das-liederbuch.de

47. Tagesschau

1. Lass den vergangenen Tag an deinem geistigen Auge vorüberziehen.
2. Danke Gott für die schönen Ereignisse.
3. Berichte Gott die Dinge, die schwierig waren oder die dir nicht gelungen sind.
4. Segne die Menschen, die dir an diesem Tag begegnet sind.
5. Vertraue Gott zum Abschluss diesen Tag an.

Tipp

Diese Gebetsidee eignet sich auch für eine Übernachtungsaktion oder während einer Freizeit, wenn ihr auf diese Weise als Gruppe betet.

48. Das Gebet der liebenden Aufmerksamkeit

Mit dem Gebet der liebenden Aufmerksamkeit kannst du auf den vergangenen Tag zurückblicken. Es geht auf Ignatius von Loyola (1491–1556) zurück.

1. Setze einen bewussten **Anfang**, indem du eine Kerze entzündest, ein Kreuzzeichen schlägst oder dich verneigst.
2. **Nimm wahr,** wie es dir jetzt gerade geht.
3. Richte dich innerlich **auf Gott aus**.
4. Bitte ihn, dass er dir hilft, dich und deinen Tag heute **mit offenen Augen und Ohren** wahrnehmen zu können.
5. Schaue auf das, was du heute erlebt hast, was dich bewegt und berührt hat. Dabei erinnert dich Gottes **liebevoller Blick** auf dich, dass du selber mit Liebe auf dich und deinen Tag zurück blicken kannst.
6. Schau dorthin, wo du **Ermutigung**, **Trost** und **Hoffnung** gespürt hast.
7. Schaue auch dorthin, wo du **Misstrauen**, **Angst** und **Entmutigung** gespürt hast.
8. Dann kannst du **Dank**, **Bitte**, **Klage** und **Anbetung** wie vor einen guten Freund oder eine gute Freundin vor Gott bringen.
9. Schau voraus auf das, was kommt, und bitte um **Kraft**, **Mut** und **Beistand**.
10. Setze einen bewussten **Schluss**, indem du die Kerze löschst, ein Kreuzzeichen schlägst oder dich verneigst.

1. Sucht euch einen Tag aus, an dem ihr beten wollt.
2. Erstellt einen Plan, mit dem ihr den Tag in Zeitabschnitte von 30 bis 60 Minuten einteilt.
3. Sucht für jeden der Abschnitte Betende.
4. Am Tag selbst könnt ihr an einem zentralen Ort, z. B. in einer Kirche oder einem speziell dafür eingerichteten Gebetsraum beten. Oder alle beten dezentral da, wo sie gerade sind.

Tipp

Wenn ihr wollt, könnt ihr auch ein Thema für den Gebetstag festlegen oder für jeden Zeitabschnitt spezielle Gebetsanliegen aussuchen.

Es könnte auch ein kleines Ritual geben, wie zwischen den Zeitabschnitten von einem zum nächsten Betenden gewechselt wird. Ihr könnt zum Beispiel eine brennende Kerze zur jeweils nächsten Beterin weiterreichen.

Ihr könnt eine solche Gebetskette auch als Gebetsnacht gestalten: Dann beginnt die Gebetskette mit dem Sonnenuntergang und endet mit dem Sonnenaufgang. Auch andere Zeiträume sind denkbar: zehn Stunden, 48 Stunden oder sogar eine ganze Woche.

Für besondere Anliegen

50. Zeitungsgebet

Vorbereitung: Du brauchst eine Schere und Zeitungen oder Zeitschriften.

1. Blättere die Zeitungen oder Zeitschriften durch.
2. Wenn dir etwas wichtig ist, wird es ausgeschnitten. Das können sowohl aktuelle Meldungen als auch Bilder oder Worte sein, die symbolisch für eine bestimmte Sache stehen.
3. Breite die Schnipsel anschließend vor dir aus und bete für die Anliegen.

51. Gebet für deine Stadt

Vorbereitung: Besorge einen lokalen Stadtplan.

1. Stellt euch um den ausgebreiteten Stadtplan.
2. Bitte Gott, dass er euch die Augen und Herzen für wichtige lokale Anliegen öffnet.
3. Tauscht euch über interessante Projekte, Brennpunkte und Angebote in eurem Ort aus. Markiert diese auf dem Stadtplan.
4. Daran schließt sich eine Gebetsgemeinschaft an. Ihr könnt sie so gestalten, dass jeder für ein bestimmtes Stadtgebiet betet, etwa einen Stadtteil, ein Viertel oder einen Straßenzug.
5. Schließt die Gebetsgemeinschaft mit dem Vaterunser ab.

Tipp

Es bietet sich an, die verschiedenen Orte im Anschluss an die Gebetsgemeinschaft zu besuchen, damit ihr euch ein genaueres Bild von der Situation dort machen könnt. Ihr könnt euch auch (eventuell in Kleingruppen) in den verschiedenen Stadtgebieten treffen, um vor Ort zu beten. Oder ihr erkundet erst die verschiedenen Gegenden und kommt anschließend an einem ruhigen zentralen Ort (Café, Kirche, ...) zusammen, um gemeinsam für die verschiedenen Stadtbereiche zu beten.

52. QR-Code-Wand

Vorbereitung: Suche nach Projekten, Organisationen und Initiativen, für die gebetet werden soll. Suche den QR-Code zur Website der Initiativen oder erstelle selbst einen (siehe Tipp unten). Drucke die verschiedenen QR-Codes auf A4 oder A3 aus und hänge sie an die Wand oder auf Stellwände.

1. Erkläre den Betenden, dass sich hinter den QR-Codes verschiedene Gebetsanliegen verstecken. (Am besten verrätst du nicht zu viel, damit die Spannung erhalten bleibt!)
2. Jetzt hat jeder Zeit, mit seinem Smartphone die verschiedenen QR-Codes zu scannen und direkt dafür zu beten.

Tipp

Da nicht jeder ein Smartphone besitzt und QR-Codes scannen kann, bietet sich diese Methode vor allem an, wenn es mehrere verschiedene Gebetsstationen gibt, z. B. in einem Jugendgottesdienst oder auf einer Sommerfreizeit. Dann können Smartphones ausgetauscht werden oder eins kann zum Scannen bereitliegen.

 Falls ihr keinen QR-Code zu den Websites der verschieden Projekte, Organisationen und Initiativen findet, könnt ihr ihn auch selbst erstellen, indem ihr die Webadressen der Organisationen bei www.qrcode-generator.de eingebt. Die Website erzeugt dann einen QR-Code, den ihr runterladen und ausdrucken könnt.

Für dich und andere

53. Adressbuch-Gebet

1. Schalte dein Handy oder Smartphone ein und öffne deine Kontaktliste.
2. Bitte Gott, dass er dich auf die Menschen aufmerksam macht, für die du beten sollst.
3. Blättere deine Kontakte langsam durch und stelle dir zu jedem Namen die konkrete Person vor.
4. Sicher wirst du beim ein oder anderen Namen länger hängen bleiben – dann nimm das als Anlass, um für diese Person zu beten.

Tipp
Vielleicht kannst du dich nach dem Gebet auch persönlich bei jemandem melden, für den du gebetet hast, und fragen, wie es ihm gerade geht.

Die Gebetsmethode funktioniert natürlich auch mit Facebook-Freunden, einer Foto-Sammlung oder selbst gestalteten Karten mit den Namen von Freunden.

54. Kerzentablett

Vorbereitung: Bringe ein Tablett und Teelichter oder auch Kerzen in verschiedenen Größen und Formen mit. Wer mag, dekoriert das Tablett noch mit Vogelsand oder Glasnuggets. Außerdem braucht ihr Streichhölzer oder ein Feuerzeug.

1. Setzt euch in einer Runde zusammen und stellt das Tablett mit den (noch nicht angezündeten) Kerzen in die Mitte und legt Feuerzeug oder Streichhölzer daneben.
2. Bittet Gott darum, dass er euch an bestimmte Menschen denken lässt, für die ihr beten könnt.
3. Jetzt nehmt euch so viel Zeit, wie ihr möchtet, um für die Menschen zu beten, die euch wichtig sind. Zündet bei jedem Gebet für die Person eine Kerze auf dem Tablett an.

Tipp

Vielleicht wollt ihr euch nach dem Gebet auch persönlich bei einer Person melden, die euch in den Sinn kam, und fragen, wie es ihr gerade geht.

Wenn ihr diese Idee mit Kindern durchführen wollt, euch der Umgang mit Feuer aber zu heikel ist, könnt ihr auch batteriebetriebene Teelichter verwenden.

55. Für-Dich-Karte

Vorbereitung: Organisiere bunten Tonkarton, Stifte, Scheren und Kleber. Und wenn möglich ein Laminiergerät inklusive ausreichend Folien. Je nach Gruppe kannst du auch Zeitschriften und/oder Aufkleber mitnehmen. Jeder, der mitmacht, soll außerdem ein Foto von sich mitbringen.

1. Jeder darf eine Karte gestalten – mit dem eigenen Namen, einem Foto, ein paar Worten zu sich selbst oder auch Bildern. Und vor allem: mit einem oder mehreren aktuellen Gebetsanliegen.
2. Wenn die Karte fertig gestaltet ist, kann sie laminiert werden – das erhöht die Haltbarkeit.
3. Anschließend werden die Karten in einen Korb gelegt und jeder darf wieder eine ziehen. (Wer die eigene Karte erwischt, legt diese schnell zurück und nimmt eine neue.)
4. Vereinbart einen bestimmten Zeitraum, in dem ihr für die Person auf der Karte und ihre Anliegen beten wollt.
5. Und dann nehmt die Karte mit in euren Alltag: Steckt sie in eine Jackentasche, hängt sie euch an euren Schreibtisch oder Badspiegel, nehmt sie mit in die Schule. Und betet immer dann, wenn die Karte euch begegnet – beim Zähneputzen, im Schulbus oder beim Warten in der Einkaufsschlange.

Tipp

Die Karten können beim nächsten Treffen erneut gemischt und ausgetauscht werden.

In wechselnden Gruppen

56. Zweier-Gebet

1. Alle verteilen sich im Raum.
2. Auf Ansage finden sich Zweierpaare, die zum Beispiel die gleiche Schuhgröße, die gleiche Augenfarbe oder das gleiche Alter haben. Wenn es nicht ganz hinkommt (weil jeweils drei Leute Schuhgröße 36 und 41 haben), finden sich die Übrigen ebenfalls zu zweit zusammen. Jedes Paar bildet ein Gebetsduo.
3. Stellt einander kurz vor, falls ihr euch noch nicht kennt.
4. Tauscht euch darüber aus, was ihr im Gebt vor Gott bringen möchtet.
5. Betet in der Zweiergruppe mit- und/oder füreinander.
6. Wenn ihr wollt und Zeit habt, könnt ihr die Duos anschließend beliebig oft mischen.

Vorbereitung: Besorge dir Musik und eine Möglichkeit sie abzuspielen. Bereite außerdem etwa zehn Karten mit je einem Gebetsanliegen vor, das zu eurer Gruppe passt.

1. Schalte die Musik ein. Daraufhin bewegen sich die Teilnehmenden dazu als „freie Atome" schwebend im Raum.
2. Unterbrich die Musik und rufe eine Zahl in den Raum, zum Beispiel Vier.
3. Aufgabe der Teilnehmenden ist es nun, so schnell wie möglich Gruppen von vier Atomen (= Personen) zu bilden.
4. Wer nicht in eine Gruppe passt, ist als überzähliges Atom abgesprengt und darf eine Karte mit einem Gebetsanliegen vorlesen.
5. Im Anschluss wird in den „Atomgruppen" gebetet. Die abgesprengten Atome bilden dabei eine eigene Gruppe, zu der du dich gegebenenfalls dazugesellen kannst.
6. Anschließend lässt du die Musik weiterlaufen und alles beginnt von vorn.

Tipp

Das Spiel kann auch so gespielt werden, dass niemand abgesprengt wird. Dann musst du darauf achten, dass die Teilnehmerzahl durch die gerufenen Zahlen teilbar ist. Oder die überzähligen Atome dürfen sich einer Atomgruppe zuordnen.

Vorbereitung: Schreibe Gebetsanliegen auf Zettel oder Karten. Verteile sie auf Tische, die im Raum stehen. Sorge für Musik.

1. Wenn die Musik beginnt, laufen alle quer durch den Raum.
2. Wenn die Musik stoppt, stellt sich jeder an den Tisch, der ihm am nächsten ist, und bildet mit den anderen Personen an diesem Tisch eine Gebetsgemeinschaft, in der jeder laut oder leise für die Gebetsanliegen auf dem Zettel beten kann.
3. Wenn die Musik wieder startet, laufen alle wieder herum und der Ablauf beginnt von vorn.

Tipp

Die Methode eignet sich vor allem für große Gruppen. Auf eine passende Tischanzahl kommst du, wenn du die Teilnehmerzahl ungefähr durch Fünf teilst.

Für Kinder, die noch nicht lesen können, kannst du anstatt der geschriebenen Gebetsanliegen auch Bilder oder Symbole verwenden, die du vorher kurz erklärst.

59. Summ, summ, summ!

Vorbereitung: Besorge für die Häfte oder ein Drittel der Teilnehmenden jeweils ein (leeres oder volles) Honigglas. An die Gläser heftest du (z. B. mit Holzwäscheklammern oder an volle Gläser mit doppelseitigem Klebeband) Zettel mit Gebetsanliegen. Verteile sie im Gruppenraum.

1. Die Teilnehmenden schwirren wie ein Bienenvolk durch den Raum.
2. Auf dein Zeichen hin finden sich Zweier- und Dreiergruppen an den Bienenstöcken (= Honiggläsern) zusammen. Dann wird miteinander für das entsprechende Anliegen gebetet.
3. Auf ein Signal hin beenden alle Gruppen ihr Gebet und schwirren wieder los.
4. Zum Abschluss betet das Vaterunser.

Tipp

Je nach Altersgruppe können auch eigene Gebetsanliegen durch das „Bienenvolk" formuliert werden. Lege dazu Stifte und leere Zettel neben die Honiggläser, auf denen diese notiert werden können.

Statt der Zettel mit Gebetsanliegen kannst du auch Fotos als Symbole für die verschiedenen Gebetsanliegen an die Honiggläser heften.

Es würde gut passen, im Anschluss an diese Gebetsideen zu einem gemeinsamen Frühstück überzugehen.

Vorbereitung: Gestalte die folgenden fünf Karten: Eine Karte ...

... mit einem Strichmännchen,

... mit zwei Strichmännchen,

... mit mehreren Strichmännchen,

... mit dem Wort „laut",

... mit dem Wort „leise" (für die letzten beiden eventuell andersfarbiges Papier verwenden um sie besser unterscheiden zu können.)

Überlege dir außerdem einige Gebetsanliegen, die zu deiner Gruppe oder zum Beispiel zum Thema eures Treffens passen.

1. Nenne der Gruppe eins der Gebetsanliegen.
2. Dann darf eine Person eine von den drei Karten mit den Strichmännchen ziehen.
   - Wird die Karte mit einem Strichmännchen gezogen, betet die Person alleine laut für das Anliegen.
   - Wird die Karte mit zwei Strichmännchen gezogen, teilen sich alle paarweise auf und beten zu zweit für das Anliegen.
   - Wird die Karte mit mehreren Strichmännchen gezogen, dann zieht die Person auch noch eine der beiden Karten mit den Worten „laut" oder „leise". Dann beten alle gleichzeitig entweder laut oder leise für das Anliegen.
3. Diesen Ablauf kannst du so lange wiederholen, bis ihr für alle Gebetsanliegen gebetet habt.

In der Gebetsgemeinschaft

61. Popcorn-Gebet

1. Stellt euch auf Gottes Gegenwart ein.
2. Nun formulieren alle ihr Anliegen einfach ohne feste Reihenfolge in jeweils nur einem kurzen Satz. Dadurch wird hintereinander ohne Pause kreuz und quer gebetet. Die kurzen Gebete ploppen dabei auf wie Popcorn in der Mikrowelle: Dank, Lob, Fürbitte, Buße …
3. Schließt mit einem Gebet oder dem Vaterunser ab.

62. Beten mit Halbsätzen

1. Damit alle wissen, wann die Gebetsgemeinschaft beginnt und endet, erkläre vorab: „Ich beginne mit ... und beende das Gebet, wenn ...".
2. Es gibt zwei Runden. In der ersten dankt ihr Gott für bestimmte Dinge und in der zweiten nennt ihr ihm eure Bitte:
   - Leite die erste Runde ein, indem du zum Beispiel sagst: „Herr, wir danken dir für ...". Dann können alle diesen Satz mit kurzen Halbsätzen vervollständigen und auf diese Weise Gott danken.
   - Leite die zweite Runde bespielsweise mit den Worten ein: „Herr, wir haben viel Grund zum Danken, nun wollen wir dich noch bitten. Wir bitten dich für ...". Dann vervollständigen alle wieder diesen Satz mit ihren Halbsätzen und bringen so ihre Bitten vor Gott.
3. Am Ende schließe beispielsweise mit diesem Gebet ab: „Herr, du hast alles gehört was uns bewegt und beschäftigt. Wir vertrauen dir unsere Gebete an. Amen."

Tipp

Du kannst auch andere Satzanfänge wählen, wie zum Beispiel:
- „Gott, du bist ..."
- „Gott, ich frage mich ..."
- „Gott, ich lobe dich ..."
- „Gott, ich sehne mich ..."
- „Gott, mir ist aufgefallen ..."

63. Weiterdrücken

1. Setzt euch in einen Kreis und fasst euch an den Händen.
2. Einer beginnt zu beten und teilt Gott mit, was ihn bewegt.
3. Wenn er fertig ist, drückt er die Hand seines rechten Nachbarn.
4. Dieser hat drei Möglichkeiten:
   - Er betet laut.
   - Wer nicht laut beten mag, kann im Stillen beten und dann weiterdrücken.
   - Wer gar nicht beten mag, kann direkt weiterdrücken.
5. Betet so lange, bis das Gebet wieder bei der Person angekommen ist, die begonnen hat.
6. Sie kann die Gebetsrunde mit einem kurzen, zusammenfassenden Gebet oder dem Vaterunser beenden oder eine zweite Runde einleiten.

Tipp

Wenn ihr euch nicht an den Händen fassen möchtet, könnt ihr euch statdessen auch kurz anstupsen, um das Gebet an den Nächsten weiterzugeben.

64. Amen.

Vorbemerkung: Diese Methode soll zeigen, wie einfach Gebet sein kann. Wir brauchen keine besonderen Worte, um mit Gott zu reden, sondern wir können so mit ihm reden, wie wir es auch mit Freunden tun.

1. Setze dich mit deiner Gruppe gemütlich zusammen.
2. Frage die Teilnehmenden, was sie gerade beschäftigt, was sie freut, was ihnen Angst macht und was sie gerne Gott erzählen wollen.
3. Nimm dir viel Zeit dafür und frage nach – auch nach dem, was die Teilnehmenden in den bestimmten Situationen von Gott erwarten und was sie sich wünschen.
4. Wenn jeder an der Reihe war, sage „Amen" und erkläre, dass Gott alles gehört hat, was gesagt wurde.

Tipp

Du kannst den Teilnehmenden auch vorher sagen, dass ihr miteinander redet und am Ende gemeinsam „Amen" sagt. Weil ihr wisst, dass Gott das alles hört.

65. Auf die Plätze, fertig, beten!

1. Alle überlegen kurz, was sie bewegt und wofür sie beten wollen.
2. Auf ein Zeichen hin beginnen alle gleichzeitig laut zu beten.
3. Wenn die Gebete irgendwann langsam verstummen, kannst du mit einem schlichten „Amen" oder einem kurzen Abschlussgebet die Gebetszeit beenden.

Tipp

Diese Art zu beten ist zu Beginn etwas ungewöhnlich. Wenn aber mal der Anfang gemacht ist, bietet sie einen Rahmen, in dem auch die laut beten können, denen das sonst eher schwer fällt. Trotzdem wird sie manchen Leuten fremd bleiben, weil ihnen das „zu laut" ist. Manchmal braucht es auch etwas Übung, damit dieser Weg hilfreich ist.

66. Mein rechter Platz

1. Tauscht euch über die Dinge aus, die bei euch zurzeit persönlich anstehen. Nehmt euch Zeit für die Fragen:
   - Was beschäftigt dich?
   - Was fordert dich heraus?
   - Was freut dich?
   - Was macht dir Angst?
   - Wo stehst du gerade im Glauben?
   - Wo würdest du gerne einen Schritt weiterkommen?
2. Bevor ihr dann für diese Anliegen betet, trefft folgende Abmachung: Jeder betet auf jeden Fall für die Person, die rechts neben ihm sitzt. Egal, ob laut oder im Stillen. Auf diese Weise muss nicht zwingend jedes Gebetsanliegen noch einmal laut im Gebet genannt werden und trotzdem weiß jeder, dass für seine Sache gebetet wird.
3. Dann geht's los.

67. Flaschendrehen

Vorbereitung: Besorge Filzstifte, Kreppklebeband (Malerkrepp) und eine Flasche.

1. Setzt euch in einem Kreis auf den Boden und legt die Flasche in die Mitte.
2. Alle schreiben Gebetsanliegen auf das Kreppband und lassen es sich von ihrem Nachbarn auf den Rücken kleben.
3. Die Flasche wird gedreht.
4. Der, auf den die Flasche zeigt, sucht sich eine Person aus, die sich nun umdreht. Anschließend betet er für die Anliegen auf ihrem Rücken.
5. Danach darf der, der gebetet hat, die Flasche drehen.

68. Fürbitten-Tombola

Vorbereitung: Besorge für alle einen Zettel und einen Stift.

1. Alle überlegen sich ein Gebetsanliegen und schreiben dazu ein kurzes Gebet auf.
2. Wer fertig ist, faltet den Zettel und legt ihn in die Mitte.
3. Wenn alle ihre Gebete geschrieben haben, darf jeder wieder einen Zettel ziehen. (Wer sein eigenes Gebet erwischt, legt es wieder in die Mitte und zieht ein neues.)
4. Dann werden die Gebete laut gelesen (reihum oder durcheinander) und so vor Gott gebracht.

Tipp

Im Anschluss an die Gebetsgemeinschaft können alle ihre Zettel mit nach Hause nehmen und zum Beispiel in der kommende Woche weiter für das Anliegen beten.

Im nächsten Treffen könnt ihr euch dann über eure Erfahrungen austauschen: Was habt ihr erlebt? Wie hat Gott auf eure Gebete reagiert? Wofür wollt ihr jetzt (weiterhin) beten?

Ihr könnt auch über einen längeren Zeitraum füreinander beten, zum Beispiel bis zu den nächsten Schulferien. So kann eine längere Gebetspatenschaft entstehen.

69. Stille Gebetsgemeinschaft

1. Sammelt gemeinsam Gebetsanliegen.
2. Eröffne die Gebetszeit mit einem kurzen, laut gesprochenen Gebet.
3. Im Anschluss beten alle in der Stille für die Gebetsanliegen, die ihr gesammelt habt.
4. Schließt diese stille Gebetsgemeinschaft mit dem gemeinsamen Vaterunser ab.

Tipp

Beten ist nicht zuerst eine Sache der lauten Stimme, sondern vor allem ein Reden des Herzens mit Gott. Darum kann gerade auch in solchen stillen Gebetsgemeinschaften ganz intensiv miteinander gebetet werden.

70. Gebetsmosaik

Vorbereitung: Als Material brauchst du viele bunte und wild ausgeschnittene Papierstücke sowie Stifte.

1. Alle, die wollen, schreiben ihre Gebetsanliegen (Dank, Lob, Bitten, ...) auf die bunten Papierschnipsel.
2. Im Anschluss daran legt ihr gemeinsam die bunten Papierschnipsel in der Mitte auf einem Tisch oder dem Boden zu einem Mosaik zusammen.
3. Das könnt ihr still tun oder aber auch kurz sagen, wofür ihr Gott danken, ihn loben oder ihn bitten wollt.
4. Betrachtet euer „Gebetsmosaik" eine Weile still.
5. Betet noch gemeinsam zusammen oder einer spricht zum Schluss ein kurzes, abschließendes Gebet.

Tipp

Ihr könnt euch nach dem Betrachten eures Gebetsmosaiks auch noch über eure Beobachtungen austauschen, bevor ihr mit einem Gebet abschließt.

71. Interviewgebet

1. Nehmt euch ein paar Minuten Zeit, um euch in Zweier-Teams über eure Gebetsanliegen auszutauschen:
   - Was ist euch wichtig?
   - Was fällt euch schwer?
   - Wofür seid ihr dankbar?
2. Dann kommt ihr in der großen Runde zusammen und betet miteinander. Dabei betet jeder für die Anliegen des Interviewpartners.
3. Schließt das Gebet mit dem Vaterunser ab.

72. Segen – nehmen und geben

1. Stellt euch in einen Kreis.
2. Alle legen die rechte (tätige) Hand auf die Schulter des rechten Nachbarn. Die linke (empfangende) Hand haltet ihr offen vor euch.
3. Nun sprechen alle der Reihe nach der Nachbarin einen Segen von Gott zu. Zum Beispiel:
   „Gottes Mut für dich!"
   „Gottes Nähe für dich!"
   „Gottes Ausdauer für dich!"
   „Gottes ... für dich!"
4. Schließt das Gebet mit dem Vaterunser ab.

Tipp

Je nach Alter kann es helfen, Kärtchen mit kurzen Segenssprüchen für die Teilnehmenden vorzubereiten.

Als Aktion oder Station

73. Powerpoint-Gebet

Vorbereitung: Ihr braucht einen Laptop mit dem Office-Programm Powerpoint und einen Beamer.* Schreibt verschiedene Gebetsanliegen auf einzelne Powerpoint-Folien. Eventuell Hintergrundmusik besorgen.

1. Das Licht im Saal wird abgedunkelt.
2. Blendet nacheinander die einzelnen Folien mit den verschiedenen Gebetsanliegen ein (lasst dabei eventuell ruhige Hintergrundmusik laufen).
3. Alle beten im Stillen für die verschiedenen Gebetsanliegen.
4. Diese Gebetszeit lässt sich gut mit einem gemeinsamen Lied, das ihr auch per Powerpoint einblendet, abschließen.

Tipp
Diese Gebetsmethode eignet sich besonders für Gottesdienste oder ähnliche Veranstaltungen, in denen zum Beispiel die Lieder schon per Beamer projiziert werden.

* Die Mac-User dürfen natürlich auch Keynote benutzen, OpenOffice-User können Impress verwenden und Freunde des Overheadprojektors können auch mit analogen Folien zu Werke gehen.

74. Lichtgebet

Vorbereitung: Besorge eine große Papier-Lampe, Scheren, Tesa und dünne Eddings oder Folienstifte. Schneide aus buntem Transparentpapier Sterne aus.

1. Erzählt euch gegenseitig eure Hoffnungen und Wünsche für das neue (Schul-)Jahr. Was erwartet ihr von Gott? Wo braucht ihr seine Unterstützung und Hilfe?
2. Schreibt diese Hoffnungen und Wünsche auf die ausgeschnittenen Transparentpapiersterne.
3. Die Sterne werden dann auf die Lampe geklebt.
4. Du kannst den Teilnehmenden zum Abschluss erzählen, dass Jesus gesagt hat: „Ich bin das Licht der Welt" (Joh 8,12).

Tipp

Diese Idee ist für die Zeit um Weihnachten, den Jahreswechsel oder den Beginn eines neuen Schuljahres konzipiert. Du kannst sie aber auch zu anderen Zeiten durchführen, wenn du die Fragen unter 1. an die Situation anpasst.

Besonders wirkungsvoll wird diese Idee, wenn du die Lampe anschließend aufhängen und beleuchten kannst. Dafür müsstest du eine Lampenfassung mit Kabel besorgen, sie an einem Haken befestigen und in eine Steckdose stecken.

Vorbereitung: Besorge leere Flaschen, Zettel, Kleber und Stifte. Löse die Etiketten der Flaschen ab (in hartnäckigen Fällen hilft Etikettenlöser). Beschrifte sie mit Lebensbereichen der Jugendlichen (Schule, Freunde, Family, Gottesbeziehung, Körper, ...). Stelle die Flaschen gut sichtbar im Raum auf.

1. Alle überlegen, wofür sie dankbar sind und schreiben es auf einen Zettel.
2. Wenn ihr möchtet, könnt ihr die Zettel laut vorlesen.
3. Steckt sie anschließend in die passende Flasche.
4. Gebt der Dank-Bar ein paar Wochen lang einen festen Platz in eurem Raum.

Tipp
Vielleicht hat jemand ein Anliegen, für das es noch gar keine Flasche gibt – dafür ist es gut, noch ein paar Flaschen mit leeren Etiketten parat zu haben, die dann beschriftet und zusätzlich aufgestellt werden können.

76. Gebetsbox

Vorbereitung: Ihr braucht eine verschließbare Box, Zettel und Stifte sowie einen Ort, an dem die Gebetsbox aufgestellt werden kann.

1. Stelle an einem Ort, der von vielen Kindern und Jugendlichen besucht wird (Schule, Jugendzentrum, Gemeindehaus ...), eine Box auf, in die sie ihre Gebetsanliegen werfen können.
2. Erklärt ihnen, dass ihr (zum Beispiel mit eurer Jugendgruppe) für die Anliegen beten werdet. Die Anliegen werden natürlich vertraulich behandelt.
3. Trefft euch an einem bestimmten Tag, um für die gesammelten Anliegen zu beten.
4. Macht den Termin eures Gebetstreffens bekannt und ladet dazu ein.
5. Vernichtet nach dem Gebetstreffen die Zettel mit den Gebetsanliegen.

Tipp

Ihr könnte diese Aktion von Zeit zu Zeit immer wieder mal am gleichen Ort anbieten. Beim zweiten Mal sind die Leute schon mit der Aktion vertraut und gegebenenfalls eher bereit, ein Anliegen in die Box zu werfen.

77. Kerzen und Steine

Vorbereitung: Besorge für jeden Teilnehmer mindestens ein Teelicht und einen Stein (z.B. kleine Kieselsteine). Außerdem brauchst du ein Feuerzeug oder Streichhölzer und einen Teller. Plaziere alles in der Mitte eures Kreises.

1. In einer ersten Phase denken alle darüber nach, welche „hellen Momente" es in den letzten Tagen in ihrem Leben gab: Worüber habe ich mich gefreut? Was läuft gerade gut? Wofür bin ich dankbar?
   - Dann können alle, die wollen, eine Kerze anzünden. Damit danken sie Gott für die „hellen Momente" in ihrem Leben.
   - Wer mag, kann beim Anzünden der Kerze den anderen mitteilen, wofür er Gott dankbar ist.
2. In einer zweiten Phase denken alle darüber nach, welche „schweren Momente" es in den letzten Tagen in ihrem Leben gab: Was macht mir Sorgen? Was fällt mir gerade schwer? Was macht mich traurig?
   - Dann können alle, die wollen, einen Stein nehmen und ihn auf den Teller ablegen. Damit nennen sie Gott die „schweren Momente" in ihrem Leben.
   - Wer mag, kann beim Ablegen des Steins den anderen mitteilen, welche Last er jetzt bei Gott ablegen möchte.
3. Zum Abschluss kannst du ein Gebet sprechen und die verschiedenen Anliegen aufnehmen.

Tipp

Diese Methode eignet sich auch als Gebetsstation in einem Gottesdienst, bei dem die Gottesdienstbesucher in einer offenen Phase an verschiedenen Stationen auf kreative Weise beten können.

Du kannst auch ein Kreuz aufstellen, unter dem die Steine abgelegt und die Kerzen angezündet werden.

Vorbereitung: Besorge dir zwei leere Getränkekisten, für alle Teilnehmenden einen dicken Filzstift und außerdem pro Person je ein Brett (etwa 20 x 30 cm). Die Bretter sollten maximal 2 cm dick sein und aus Leimholz Fichte bestehen.

1. Alle notieren auf einem Brett ein Thema, in dem sie sich in ihrem Leben einen Durchbruch wünschen.
2. Sprich ein Gebet, in dem du Gott darum bittest, dass er bei allen genannten Themen eine Veränderung schenkt.
3. Danach können alle mit einem Handkantenschlag symbolisch ihr Brett durchschlagen. Dazu werden die beiden Getränkekisten umgedreht und das Brett dazwischen auf die Ränder der Kisten gelegt. Die Teilnehmenden müssen sich bei ihrem Handkantenschlag auf den Fußboden unterhalb des Brettes konzentrieren und nicht auf das Brett selbst. Dann ist die Kraft beim Auftreffen der Handkante auf das Brett so hoch, dass der Durchbruch auch ungeübten „Schlägern" gelingt.

Tipp

Achte auf die korrekte Holzwahl und Ausführung des Schlags, damit die symbolische Handlung auch wirklich gelingt.

79. Gebetszettelkette

Vorbereitung: Lege kleine Papierstreifen (ca. 20 x 2 cm groß), Kleber und Stifte bereit. Ein paar Streifen sind schon zu Ringen zusammengeklebt und als Kette miteinander verbunden.

1. Alle schreiben ihren Namen und ihr Gebetsanliegen auf einen Streifen.
2. Dann fügen sie ihren Streifen als Ring der schon vorhandenen Kette hinzu.
3. Dabei beten sie für die Person und das Anliegen auf dem Zettel, an den sie ihre eigenen Zettel gehängt haben.

Tipp

Diese Idee ist auch gut geeignet für eine Station in einer offenen Gebetsphase während eines Gottesdienstes.

80. Gott loben von A bis Z

Vorbereitung: Besorge Stifte für alle. Schreibe auf ein großes Plakat oben als Überschrift „Gott, du bist …" und ganz links in einer Spalte von oben bis unten das gesamte Alphabet.

1. Erzähle, was dich persönlich an Gott begeistert und fasse das in einem Begriff zusammen (z. B. „Bester Freund"). Schreibe diesen Begriff zum entsprechenden Buchstaben auf dem Plakat („bester Freund" also zu „B").
2. Jetzt überlegen alle, was sie an Gott begeistert. Dazu schreiben sie die entsprechenden Begriffe zu den passenden Buchstaben. Alle dürfen mehrere Worte aufschreiben.

Tipp

Ihr könnt euch anschließend darüber austauschen, warum ihr welche Worte aufgeschrieben habt. Oder ihr hängt das Plakat in den Jugendraum und ergänzt es immer wieder.

81. Foliengebet

Vorbereitung: Du brauchst beschreibbare DIN A4-Folien, einen Eimer Wasser und für jede Person einen abwischbaren Folienstift.

1. Alle haben Zeit zu überlegen: Was vernebelt mir in meinem Leben gerade die Sicht? Was belastet mich?
2. Schreibt diese Dinge auf eine Folie.
3. Taucht diese Folie in den Wassereimer und seht, wie die Dinge verschwinden.
4. Bittet Gott, dass er euch nicht nur symbolisch, sondern auch ganz real von diesen Dingen befreit.

Tipp
Ähnliche Gebetsaktionen lassen sich auch mit einem Reißwolf, Heliumballons oder einer Feuertonne durchführen.

Vorbemerkung: In einigen mittelalterlichen Kathedralen finden sich Labyrinthe auf dem Fußboden. Heute gibt es an vielen christlichen Orten Labyrinthe, die für die verschlungenen Pfade des Lebenswegs stehen, die man gehen muss, bevor man die Mitte erreicht. Ein Labyrinth ist kein Irrgarten, sondern es gibt nur einen Weg, der nach innen zum Kreuz führt. In der Zeichnung ist der Weg um das Kreuz konstruiert. Das Kreuz ist die Mitte und das Ziel.

Vorbereitung: Ein Labyrinth lässt sich schon gemeinsam in der Gruppe anlegen: Ihr könnt es mit Malerkrepp in einem großen Saal auf den Boden kleben, mit Farbe auf einen sehr großen Teppich malen, Schnüre auf einem Rasen auslegen oder es am Strand in den Sand zeichnen.

1. Sammelt euch vor Gott, zum Beispiel indem ihr einige Lieder singt und du ein Gebet sprichst.
2. Erkläre, worum es bei dem Labyrinth geht. Das Labyrinth soll eine Hilfe sein, um vor Gott über das eigene Leben nachzudenken, die Windungen zu spüren, die das Leben uns führt, uns an die Herausforderungen erinnern, vor die Gott uns stellt. In manchen Gruppen kann es hilfreich sein zu erläutern, dass ein Labyrinth keine magische Bedeutung hat, sondern eine ganzheitliche Hilfestellung zum Beten und Nachdenken ist.
3. Alle überlegen sich eine Frage oder ein Thema, das sie gerade beschäftigt. Diese Gedanken können sie

beim Gang durchs Labyrinth bewegen und so mit Gott besprechen.

4. Alle gehen schweigend und in ausreichendem Abstand den Weg des Labyrinths entlang. Da alle zur Mitte und wieder zurückgehen, dürfen sich nicht zu viele gleichzeitig im Labyrinth aufhalten und müssen aneinander vorbeikommen. Wer noch nicht an der Reihe war oder schon fertig ist, wartet still.

5. Am Ende bietet sich ein gemeinsamer Abschluss an. Wenn ihr mögt, könnt ihr euch über eure Erfahrungen mit eurem Weg in die Mitte austauschen. Schließt mit einem laut gesprochenen Gebet oder auch einigen Liedern (z. B. aus Taizé) ab.

Tipp

Diese Idee eignet sich auch gut als eine von mehreren Stationen in einem Gottesdienst oder für eine Freizeit, während der das Labyrinth mehrere Tage lang zugänglich bleibt.

Auch in der persönlichen Stille kann das Labyrinth helfen, Gedanken zu sammeln, vor Gott zur Ruhe zu kommen und sich auf die verschlungenen Pfade des eigenen Alltags zu konzentrieren: dafür Gott um Führung und Weisheit bitten, diese oder eine andere Labyrinthzeichnung vornehmen und mit dem Finger langsam die Pfade bis zur Mitte entlangzeichnen (auch solche so genannten Fingerlabyrinthe gibt es in einigen Kirchen).

Literaturtipps

Von Ingo Müller

Björn Knublauch/Mario Ertel/Kerstin Sulzberger/Anne Möbius: Pray Day – Gebetstag für die Schule, edition smd 2005

Der PrayDay ist eine wachsende Bewegung, in der immer mehr Menschen mitbeten. Dieses Buch will Mut machen, einen Gebetstag für die Schule zu gestalten. Es will helfen, viel von Gott zu erwarten und motivieren, für die Schule zu beten.

King's Kids Deutschland: 100 kreative Gebetsspiele,

In diesem dünnen Heftchen finden sich 58 verschiedene Gebetsspiele und etliche Varianten für jede Altersklasse. Besonders gut eignen sich die Ideen für Kindergruppen, Familiengottesdienste und Gemeindefreizeiten.

Klaus Douglas: Beten – Ein Selbstversuch, adeo 2011

Klaus Douglas hat 50 Arten zu beten ausprobiert. Was er dabei erlebt hat, war für ihn höchst bewegend. Je breiter die Palette der Ausdrucksmöglichkeiten ist, derer wir uns beim Beten bedienen, desto lebendiger wird es.

Daniel Rempe: 41 Methoden zum Bibellesen mit Gruppen, Neukirchener Aussaat 2011

Ein Ideenbuch für Mitarbeitende zur Initiative „Liest du mich?" - Gott zum Nachlesen. Dieses Buch ist eine wahre Fundgrube für alle Jugendmitarbeiter, die in ihren Gruppen auf kreative Weise die Bibel lesen wollen. Die Bibellesemethoden sind praxiserprobt und können leicht umgesetzt werden.

Ingo Müller: Bet-Box, Neukirchener Aussaat 2014

Die „Bet-Box" ist ein Kartenset in einer Metalldose, das mit Gott ungezwungen und spielerisch ins Gespräch bringt, egal, ob als Gruppe oder alleine. Es geht einfach darum, so mit Gott zu reden, dass es Spaß macht, Tiefgang hat, Überraschungen mit sich bringt und auch er zu Wort kommt.

Pete Greig/Dave Roberts: Red Moon Rising, SCM R. Brockhaus 2005

Die mitreißende Geschichte von 24-7 PRAYER zeigt, was passiert, wenn Freunde anfangen zu träumen und zu beten. Quer durch sämtliche Konfessionen, über alle frommen Labels hinweg beten sie, als ob alles von Gott abhängt und leben sie, als ob alles von ihnen abhängt.

Sarah K. Merz/Tobias Schöll: Stille Post – 40 Briefe, die dein Leben verändern, SCM R. Brockhaus 2010

Sarah und Tobi schreiben über den Gott, der alle Sehnsucht stillt. Der mehr geben will. Nicht, weil sie's draufhätten, sondern weil sie selbst täglich mehr über ihn entdecken und ins Staunen kommen. Und alles fängt irgendwie mit der Stille an. Denn Stille produziert die Spannung für den Showdown. Es ist wie im Film. Aus der Stille entwickelt sich die Action.

Über die Herausgeber

Katja Flohrer, Jg. 1981, CVJM Landesreferentin im Evangelischen Jugendwerk in Württemberg. Sie liebt es, Menschen in Kontakt mit Gott zu bringen und zu sehen, wie diese Beziehung lebendig gestaltet wird. Auf altbewährte Weise oder in neuen Ausdrucksformen. Sie hofft, dass durch „Hörst du mich?" bei vielen Menschen ganz neu die Lust aufs Gebet geweckt wird und sie wieder oder zum ersten Mal mit Gott in Kontakt kommen.

Ingo Müller, Jg. 1983, studierte am CVJM-Kolleg in Kassel. Nach Abschluss seiner Ausbildung arbeitet er als Jugendreferent in der Evangelisch-Reformierten Kirchengemeinde und den CVJM-Ortsvereinen in Neunkirchen bei Siegen. In ihrem Auftrag hat er auch an den Initiativen „Liest du mich?" und „Hörst du mich?" mitgewirkt. Er hat eine Fortbildung zum Partizipationstrainer in der Kinder und Jugendarbeit abgeschlossen und entwickelte die „Unbelievable Stories" und die „Bet Box".

Daniel Rempe, Jg. 1981, Studium am CVJM-Kolleg in Kassel und an der Evangelischen Fachhochschule Bochum mit dem Schwerpunkt im Bereich „Jugendkulturen". Er arbeitet als Referent für missionarische Jugendarbeit und TEN SING beim CVJM-Gesamtverband in Deutschland. Als solcher engagiert er sich auch als Gesamtleiter des CVJM-Missio-Centers in Berlin, einer Ausbildungs- und Einsatzstätte für junge Ehrenamtliche. Als Projektleiter hat er die Gebetsinitiative „Hörst du mich?" – Gott zum Nachlesen mitentwickelt. Bei Neukirchener Aussaat ist außerdem von ihm erschienen: „41 Methoden zum Bibellesen mit Gruppen" und „EMMAUS: auf dem weg mit gott begleiten".

Søren Zeine, Jg. 1982, hat Grund- und Hauptschullehramt in Münster studiert. Er arbeitet als CVJM-Bundessekretär für Jungschararbeit beim CVJM-Westbund. Dort begleitet und schult er Jungschargruppen und deren Mitarbeiter in den Regionen Ostwestfalen, Münsterland, Lippe und Ruhrgebiet.

Das Buch zur CVJM-Initiative

Um in der Jugendarbeit mit anderen gewinnbringend
in der Bibel zu lesen, ist vor allem eins nötig: Ideen! Dieses
Buch ist randvoll davon. Egal, ob 3D-Bibellesen, die Fünf-
Finger-Methode oder Luthers Fragen – mit diesen Methoden
wird das Buch der Bücher in der Gruppe lebendig.

Daniel Rempe (Hg.)
41 Methoden zum Bibellesen mit Gruppen
Ein Ideenbuch für Mitarbeitende zur Initiative
„Liest du mich?" – Gott zum Nachlesen
kartoniert, 84 Seiten

ISBN Neukirchener Aussaat: 978-3-7615-5929-1
ISBN Brunnen: 978-3-7655-4161-2